잘 다스리는 장로

허순길 지음

도서
출판 영문

THE ELDERS WHO RULE WELL

By
Dr. Soon-Gil Hur

2007
Young Moon Publishing Co.,
Seoul, Korea

들어가는 말

　사람에게 주어지는 명예 가운데 최고의 명예는 교회의 머리요 왕이신 그리스도를 섬기기 위해 부름을 받는 일이다. 장로는 세상에서 가장 "선한 일"을 위해 부름을 받았다(딤전3:1). 이 세상의 일이 아닌 "하나님이 자기 피로 사신 교회"를 위해 부름을 받았기 때문이다(행20:28). 장로가 그 부름에 충성하여 "잘 다스리는 장로"가 되면 "배나 존경"을 받게 되고 "목자장이 나타나실 때에 시들지 아니하는 영광의 면류관"을 얻게 될 것이다(딤전5:17; 벧전5:4).
　장로 직분은 교회의 주 예수 그리스도가 자신의 교회(양무리)를 치도록 사도들을 통해 세우신 직분이다. 그런데 사도시대 후에 장로들 세계에 인간적인 자만심이 차츰 지배하게 되어 가르치는 장로들'이 장로와 동의어인 '감독'이라는 호칭을 자신들에게만 적용하면서 '다스리는 장로들'을 배제함으로써 장로 직분이 점점 사라지게 되었다. 그 결과 교회에 교권적 감독체제가 정착되고 천년 이상 장로 직분이 없는 감독의 교권체제가 지배하게 되었다.

  16세기 교회 개혁은 교리와 직제에 있어서 성경이 가르치는 신앙과 생활로 돌아가는 운동이었다. 특별히 칼빈은 하나님의 뜻이 계시된 성경의 원리를 따른 교회생활로 개혁하는데 힘을 기울였다. 그는 사도시대의 장로 직분을 다시 찾아 세움으로써 교회에 '장로의 회'의 정치체제를 회복시켰다(딤전4:14). 이 정치체제는 개혁교회의 자랑이요 영광이며, 모든 교권과 싸우는 요체라고 할 수 있다.

  그런데 오늘 한국의 장로교회는 장로 직분이 위기를 맞고 있는 듯 하다. 장로 직분이 교회에서 봉사직이 아닌 명예직이 되어가고 있는 것 같다. 교회에는 본질적으로 봉사직의 자리만 있을 뿐

명예직의 자리는 없다. 또 여러 교회에서 목사와 장로간의 알력이 위험 수위에 이르렀다는 말도 들린다. 그래서 어떤 목사들은 장로를 세우고 받아들이는 일을 주저하고 있다고도 한다. 어떤 장로교회 집단은 여장로 · 여목사 임직제도를 도입함으로써 교회 생활에 큰 혁명을 초래하기도 한다. 이 모든 것은 한국 장로교회의 위기를 말하고 있다.

　이 모든 위기는 장로 직분에 대한 성경적인 이해가 부족한 데서 초래됐다고 생각한다. 필자는 장로직에 대한 역사적 성경적 이해를 돕고, 장로 직분 봉사의 활성화에 도움을 주기 위해 이 글을 쓰게 되었다. 이 작은 책이 교회 봉사에 부름을 받은 장로들에게 도움이 될 뿐만 아니라 한국에 참된 개혁주의 장로교회를 건설하는데 조금이나마 이바지할 수 있기를 바라는 바이다.

2007년 8월

허 순 길

Contents

들어가는 말 / 3

제1장 장로 직분에 대한 성경의 증거 ·················11
   1. 구약과 장로 / 13
   2. 신약과 장로 / 17
      1) 사도행전의 증거 / 17
      2) 바울 서신의 증거 / 20
      3) 베드로 서신의 증거 / 27
      4) 야고보 서신의 증거 / 28

제2장 장로직에 대한 역사적 증거 ·················29
   1. 교부시대의 증거 / 31
   2. 중세시대의 증거 / 36
   3. 개혁시대 신학자들의 증거 / 39

제3장 장로의 필요성 ·· 43

제4장 '다스리는 장로'와 '가르치는 장로(목사)' ············ 51

제5장 장로와 감독 ··· 65

제6장 장로의 의무 ··· 75
  1. 자신에 대한 장로의 의무(행20:28-35; 벧전5:1-4) / 80
  2. 양떼를 향한 장로의 의무(행20:28-35) / 87
  3. 장로들은 교인 가정을 심방…(히13:17) / 98
  4. 장로는 부지런히 일하고…(행20:33-35) / 104
  5. 병든 자들에게 대한 특별한 관심을…(약5:14) / 106

제7장 장로의 자격 ··· 111

제8장 장로 직분과 여권(여장로) 문제 ······················· 135
  1. 성경은 교회의 장로가 남성이어야 함을 가르친다. / 138
  2. 성경적 여권주의자들이 범한 성경해석의 오류 / 147
  3. 여권을 수용한 교회들이 초래한 파괴적인 결과 / 150
  4. 한국 장로교회와 여장로 / 160

제9장 장로의 선택과 임직 · 167

   1. 장로의 선택 / 169

   2. 장로의 임직과 안수 문제 / 171

   3. 임직과 날짜 / 178

제10장 장로들의 집단 정치체제 · 181

   1. 성경이 장로 집단정치체제를 가르침 / 186

   2. '장로의 회'에서의 장로들의 동등권 / 190

   3. 장로들이 받은 은사의 차이 / 195

   4. 복수 장로정치체제의 유익 / 198

제11장 장로 직분의 임기 · 207

   1. 칼빈과 제네바 교회의 장로 / 210

   2. 스코틀랜드 장로교회 / 211

   3. 미국의 장로교회 / 212

   4. 개혁교회 / 213

   5. 한국 장로교회 / 214

   6. 장로 임기제도에 대한 고려 / 217

제12장 장로와 목사의 바람직한 관계 · 223

마치는 말 · 235

장로 직분에 대한 성경의 증거 **01 Chapter**

제 1 장

장로 직분에 대한 성경의 증거

성경은 구약과 신약을 통틀어 '장로'에 대하여 곧잘 언급하고 있다. 대부분의 신학자들은 이것을 직분으로 여긴다. 그렇게 보지 않는 신학자들도 있는데, 어떤 사람들은 초대 이스라엘 장로들(출3:16; 14:1)이나, 모압과 미디안 장로들(민22:7)은 모두 가족의 우두머리 혹은 족장이었다는 것이다. 그리스 로마 사회에서도 장로는 그 사회의 연장자들이나 주도적인 가문의 우두머리를 가리켰다고 한다. 이런 관점에서 구약을 비롯해 신약의 사도행전과 서신서에 나오는 장로라는 말을 이해하려고 한다. 이들의 대부분은 회중교회와 침례교회 같은 장로제도를 갖지 않는 교회들의 신학자들인데, 초대 교회는 가정 중심의 교회(house churches)로서 예루살렘 교회의 장로들(행11:30; 15)이나 에베소 교회의 장로들(행20:17)은 그 교회의 주도적인 가정의 우두머리들(가장들)이었으며, 이들이 교회를 돌보고 예배를 인도했다고 해석한다. 바울이 교회조직에 관심은 가졌으나(고11; 롬12 참고) 다스리는 장로의 직분을 세우지 않았다고 한다.[1] 결과적으로 오늘날 침례교회와 회중교회 같은 교회들은 사도행전이나 바울 서신에 나오는 장로라는 말이 목사만을 가리키고 있는 것으로 판단하고 목사와 집사만 교회의 직분으로 인정하고 있다.[2]

상당수 초대 교회들이 처음 가정 중심으로 출발하였고, 차츰 여러 가족들이 모여 신앙공동체를 구성하게 되었을 때 가정 중심의 신앙생활을 주도하던 분들이 여러 가족들의 공동체인 교회생활에서도 주도적인 역할을 해 나갔을 것이 틀림없다. 그러나 교회가 차츰 성장하고 여러 가족들과 그들의 종들과 여러 새 신자들이 큰 교회 공동체를 이루어 가게 되었을 때 교회의 주 그리스도는 기존의 회당과 같이 이들을 공적으로 가르치고 감독하고 돌볼 직분자들을 세우신 것이 틀림 없다. 사도행전이나 서신을 통해 계시된 교회발전의 역사를 주의 깊게 살펴 볼 때 이 사실을 잘 발견하게 된다. 성경이 언급하는 '장로'가 교회의 직분이 아니라

---

1 R. Alastair Campbell, The Elders, T& Clark, Edinburg, 1994 참고. 저자는 침례교 목사요 런던에 있는 스펄전 대학(Spurgeon College)의 교수로 장로직이 교회의 직분이 아니란 사실을 주장한다.
2 Edward T. Hiscox, Principles and Practices for Baptist Churches, Kegel Publications, Michigan 1982 p.83-118

고 보거나, 이를 목사로만 보고, "다스리는 장로"를 부인하는 견해는 기록된 계시의 말씀을 그대로 읽지 않은 것이다. 구약과 신약의 기록을 주의 깊게 살펴 보면 구약의 장로는 구약 이스라엘 교회를 다스리기 위해 세워졌고, 신약의 장로는 새 이스라엘인 그리스도의 교회를 다스리고 감독하기 위해 세운 직분이었다는 사실을 잘 알 수 있다.

1. 구약과 장로

구약과 신약은 서로 떨어져 있는 별개의 책이 아니고 본질적으로 하나의 책이다. 신약은 구약에 뿌리를 두고 있으며, 구약에 주어진 언약의 성취를 보여준다. 따라서 신약에 나타난 직분의 명칭도 구약을 참고함으로써 더 잘 이해할 수 있게 된다. 장로라는 말은 문자적으로 여러가지 많은 경험과 지혜를 가진 나이가 많은 사람을 가리킨다. 하나님은 일찍부터 이런 사람들 가운데 얼마를 구별하여 세워 그의 백성을 다스리셨던 것 같다.

장로들로 구성된 지도체제는 이스라엘에서 일찍부터 있었던 오랜 제도 가운데 하나였다. 이스라엘 백성들이 애굽에 있을 때 이미 직분으로서의 의미를 가진 장로들이 있었다. 이 장로 제도가 어떻게 시작되었고, 어떤 사람이 선택되었는지에 대한 기록은 없다. 그런데 구약시대에 장로에 대해서 하나님이 최초로 언급했다는 사실을 주목하지 않을 수 없다. 하나님이 미디안 광야의 떨기나무 불꽃 가운데서 모세에게 말씀하시면서 애굽에 돌아가 종된 이스라엘 장로들을 모을 것을 지시하신 것이다. 출3:16-18에 하나님은 모세에게 "너는 가서 이스라엘 장로들을 모으고 그들에게 이르기를 여호와 너희 조상의 하나님 곧 아브라함과 이삭과 야곱의 하나님이 내게 나타나 이르시되 내가 실로 너희를 권고하여 너희가 애굽에서 당한 일을 보았노라... 내가 너희를 애굽의 고난 중에서 인도하여 내어 젖과 꿀이 흐르는... 땅으로 올라가게 하리라 하면 그들이 네 말을 들으리니 ..."하셨다(출3:16-18). 당시 하나님께서 매우 자연스럽게 말씀하신 것으로 볼 때 이스라엘 백성 가운데 장로들이 있었다는 사실을 알 수 있다. 하나님은 그들을 "이스라엘 장로들" 혹은 "그들의 장로들"이라고 부르셨다. 그러므로 이스라엘 장로들은 당시 백성들 가운데서 권위를 가지고 행사하는 자리에 있었던 것이 분명하다.

하나님이 고난중에 있는 이스라엘 백성을 구원하기 위해 모세를 보내신 후 장로들은 역사적으로 중요한 사건이 발생할 때마다 나타난다. 광야에서는 모세가 이스라엘 장로들을 소집하고 하나님의 뜻을 알렸으며, 그들은 하나님이 세우신 지도자를 따라 행동했다(출17:5; 18:12). 그후 여호와의 명을 따라 행정·사법적인 일로 모세를 돕기 위해 70명으로 이스라엘의 민족적 장로회가 조직되었다(출24:1, 9; 민11:16; 신25:7-9).

이스라엘 백성이 약속의 땅 가나안에 들어와 정착했을 때 각

도성과 각 지파 등을 대표하여 전체 백성들을 위한 장로의 회를 가졌다. 장로들은 이스라엘 공동체 지도자들로서 백성을 보호하고, 권징을 시행하며, 하나님의 법과 공의를 집행하였다. 그리고 모세의 법과 전통적 관습을 따라 시민과 가족, 종교문제에 관해 상당한 권위를 행사했다. 법을 집행하는 공회에서 장로들의 역할이 구약의 입법 부분에 분명하게 기록되어 있다. 신명기는 장로들의 판단과 지혜를 요구하는 특별한 사건들에 관하여 언급한다(신19:11, 12; 21:1-8; 수20:24). 장로들은 하나님이 주신 율법을 알고, 이를 백성들에게 알리는 사명을 받았으며, 백성들이 율법에 대해 순종하는지 확인하는 의무를 지고 있었다(신27:1-8; 31:9-11).

이스라엘에 왕이 세워지기 전 사사시대에 장로들은 도시와 지방에서 정치·군사·사법적인 권위를 갖고 행사했다. 이스라엘이 블레셋 사람들에게 크게 패한 후에 원수의 손에서 벗어나기 위해 장로들의 결정으로 여호와의 언약궤를 실로에서 가져 왔다(삼상 4:3).

이스라엘 장로들은 백성을 대표하여 사무엘에게 나아와 왕을 세워달라고 청원함으로써 사울을 왕으로 받아들이게 되었다(삼상8:4, 5; 10:1). 다윗이 장로들의 청을 받아 왕위에 올랐다(삼하 3:17). 솔로몬의 성전으로 언약궤를 옮길 때에 장로들과 모든 지파의 두목들이 소집되었다(왕상 8:1-3). 솔로몬이 절대군주가 되고 난 후 장로들은 특권을 잃었다.

장로들은 사사시대와 왕정시대를 지나 바벨론 포로시대에도 팔레스틴에 남아 있는 자들과 바벨론으로 끌려간 자들 사이에서 감독하고 다스리며 지도력을 발휘했다. 이스라엘 백성이 바벨론 포로 생활에서 벗어나 조국에 돌아온 후 회당제도가 시작될 때까지도 같은 직임을 수행했던 것으로 보인다.

이스라엘이 포로생활에서 돌아온 후 회당 예배제도가 언제 시작되었는지는 확실하지 않다. 그러나 한 가지 분명한 것은 예수님이 이 세상에 오셨을 때 회당제도가 정착되어 있었다. 그리고 회당에는 다스리고, 입회를 허락하고, 예배 의식과 질서를 감독하는 장로들의 치리회도 있었던 것이다. 나아가 유대인 장로들이 산헤드린 회원으로 활동하였는데, 성경에 "대제사장과 서기관과 장로들"이란 순서로 언급되고 있는 사실을 주목할 필요가 있다. 이때도 구약에서처럼 "백성의 장로들"이라고 불려지고 있다(마 21:23; 26:3, 47; 27:1).

그런데 회당마다 장로들의 수는 적어도 세 사람 이상이었다.[3] 이는 한 사람으로 시행되는 전제정치가 아니라 다수 장로들의 합의로 시행되는 회당 정치였다는 사실을 말해 준다. 신약성경에서 회당장에 관한 말이 나온다(막5:22; 행13:15). 그런데 이 회당장은 다른 장로들보다 높은 계급의 직책이 아니라 장로들의 회를

---

[3] Samuel Miller, The Ruling Elder, Presbyterian Heritage Publication, 1999, p.56 Miller는 미 북장로교회 Princeton 신학교 초기 교수였으며 이 책은 1931년에 처음 출판되었다.

사회하는 책임을 맡았을 뿐이었다. 장로의 회에 속한 사람들은 모두 같은 위치에서 같은 임직을 받았다. 신약교회의 장로제도는 이 회당제도의 본을 상당히 따랐던 것이다.

2. 신약과 장로

신약교회는 오순절 이후 유대인들의 회당 생활과 밀접한 관계 속에서 발전해 나갔다. 따라서 신약교회는 처음에 회당제도의 본을 따라 조직된 것이 틀림없다. 신약교회는 새 참 이스라엘로서 구약시대 말기의 교회라 할 수 있는 회당제도에서 장로제도를 가져왔으므로 실상 구약교회의 계속성과 갱신된 모습을 보여 준다. 이는 신약시대에 구약교회의 제도가 전적으로 사라지지 않고, 그리스도 안에서 새로와 진 것을 뜻하는 것이었다.

1) 사도행전의 증거

신약교회의 기원을 기록한 사도행전에서 장로직에 대한 기록이 분명하게 나와 있다. 행11:27-30은 유대 그리스도 교회의 장로들에 대하여 첫 번째로 언급하고 있다. 글라우디오 때 유대에 큰 흉년이 들어 안디옥에 있는 제자들이 유대에 사는 형제들에게 힘대로 부조를 보내기로 작정하여 "바나바와 사울의 손으로 장로들에게" 보냈다고 한다. 이 장로들이 언제 어떻게 세워졌는지 잘 알 수는 없다. 그런데 여기 장로들은 오래 전 애굽에서 하나님이 모세를 불러 이스라엘 백성에게 보내면서 장로들에 대해 자연스럽게 언급한 것과 매우 비슷하다. 유대(예루살렘) 교회에 장로들이 있었고, 당시 모든 사람들에게도 잘 알려져 있었다는 것을 나타낸다. 예루살렘 교회가 오순절에 삼천 명으로 시작하여 급진적으로 수가 증가하자 사도들은 이 큰 교회를 돌보고 감독하기 위해 매우 일찍이 회당의 본을 따라 장로들을 세웠던 것으로 보인다.

행15장에 두 번째로 유대(예루살렘) 교회 장로들에 대한 기록이 나타난다. 주후 41년에 복음이 이미 안디옥까지 전해지고(행11:19-22), 그곳에 교회가 세워져 이방 그리스도 교회의 요새가 되었다. 그런데 유대와 예루살렘으로부터 온 어떤 사람들이 모세의 율법을 지키고 할례를 받지 않으면 구원을 얻을 수 없다고 가르쳐 교회에 교리적인 혼란이 일어났다. 이에 안디옥 교회는 예루살렘에 대표를 보내어 이 문제를 논의하여 교리적인 답을 얻도록 바울과 바나바를 파송했다. 이들이 예루살렘에 이르러 "교회와 사도들과 장로들"에게 영접을 받았다(15:4). 그리고 "사도와 장로들"이 이 일을 의논하기 위해 모여 변론을 하게 되었다(15:6).

행21장에 세 번째로 유대 장로들이 언급된다. 주후 57년에 바울이 이방인들이 모은 구제금을 전하기 위하여 예루살렘에 올라가 형제들의 영접을 받고 "장로들"을 만나게 되었다(21:18).

행14:23은 이방인들의 교회에 첫 번째로 장로들을 세운 역사를 보여준다. 행13~14장은 바울과 바나바가 주후 48~49년에 행한 제 1차 전도여행에 관하여 기록하고 있다. 이 전도여행은 그리스도 교회 역사에 있어서 중요한 전환점이 된다. 이방인들에게도 복음 선교의 문이 열린 것이다(행13:46, 48; 14:27). 바울과 바나바는 안디옥, 이고니온, 루스드라, 더베에서 복음을 전하고 교회를 설립한 후 시리아와 안디옥으로 돌아가기 전에 저들이 새로 세운 교회들을 다시 방문하고 "각 교회에 장로들을 택하여" 세웠다(14:23). 이것은 이방인들의 교회에 첫 번째로 장로들을 세운 사실을 보여주고 있다. 저들은 예루살렘 교회에 이미 장로들이 있었기 때문에 그 모범을 따랐던 것이다. 바울과 바나바는 하나님의 주권적인 뜻 가운데서 하나님이 주신 지혜를 따라 첫 이방 교회의 터를 성공적으로 놓은 "지혜로운 건축자"들이었다(고전 3:10).

행20장에 에베소 교회의 장로들에 대한 말이 있다. 바울이 주후 57년 제 3차 전도여행을 마치고 예루살렘으로 향하여 가던 중 그가 탄 배가 에베소에서 약 40마일 떨어진 밀레도 항구에 정박하게 되었다. 이때 바울이 밀레도에서 사람을 에베소로 보내어 "교회 장로들"을 청하였다(행20:17). 그는 장로들에게 권고와 경고 등이 포함된 이별설교를 하였다. 바울은 장로들에게 "성령이 저들 가운데 너희로 감독자를 삼았다"고 함으로써 그들이 받은 직책이 얼마나 신성하고 중대한가를 강조했다(20:28).

이처럼 사도행전에 나타난 신약교회의 초기 역사를 통해 각 교회에 장로들이 세워져 있었고, 이들이 교회를 감독하고 인도했음을 알 수 있다.

2) 바울 서신의 증거

바울시대에 장로 제도가 교회에 생겼다는 사실이 분명한데도 자유주의 신학자들 가운데 이를 의심하는 자들이 있다. 그들은 사도행전과 목회서신(디모데전·후서, 디도서)에 장로를 세운 일과 장로 자격에 관한 구체적인 내용이 기록되어 있으나 바울이 쓴 다른 서신인 로마서, 고린도전·후서, 갈라디아서, 에베소서, 빌립보서, 골로새서와 데살로니가전·후서 등에는 장로라는 말이 발견되지 않는다는 것을 이유로 든다. 그래서 그들은 바울이 활동하던 시대에는 그가 세운 교회에 장로라는 직분이 아직 없었다고 본다. 그런 이유로 누가가 사도행전에서 바울이 교회의 장로들을 세웠다고 말한 것에 대해 역사적 사실이 아니라고 한다. 그리고 장로에 대해 구체적으로 언급한 디모데전·후서와 디도서는 바울 시대 이후에 다른 사람에 의해 쓰여진 것이라고 주장한다. 이들은 하나님의 영감을 받아 기록된 성경 말씀의 무오성을 부인하는데 문제가 있다(딤후3:16, 17).

누가가 사도행전에서 바울이 장로들을 세웠다고 했고(행14:23), 에베소 장로들에게 이별의 인사(설교)를 했다고 하는데

(행20:17…), 그렇게 하지 않은 것을 했다고 한 것이면 그는 거짓말한 것이 된다. 누가는 일찍이 "모든 일을 근원부터 자세히 미루어 살핀" 역사적으로 확실한 사실을 기록한 저자였음을 알아야 한다(눅1:3).

그러면 바울은 왜 그가 쓴 여러 편지들 속에서 장로라는 말을 사용하지 않았을까 하는 의문을 가질 수 있다. 이는 그가 하나님의 언약의 백성에 대해 깊이 이해하는 자세에서 그 이유를 발견할 수 있다. 그는 지역교회에 속한 모든 신자들이 성도요, 왕같은 제사장들이요, 성령이 내주하는 한 몸의 공동체이기 때문에 지역교회에 대해 글을 쓸 때는 언제나 공동체 전체를 마음 속에 두었다.[4] 그래서 그는 편지를 쓸 때마다 교회의 장로들을 특별히 언급하지 않았고, "성도들", "형제들"을 자주 언급하고 있음을 알 수 있다(고전1:2; 갈 1:2; 빌1:1 등). 그런데 바울은 그의 여러 편지들 속에서 장로라는 말을 바로 사용하지는 않지만 간접적인 방법으로 교회의 지도자인 장로들이 있었다고 말한다. 아래 서신들 몇 군데를 살펴 보자.

로마서

바울이 제 3차 전도여행을 마칠 무렵(주후 57-59) 로마교회에 보내는 서신을 썼다. 이 편지 속에 장로라는 말은 발견되지 않는

---

4 Alexander Strauch, Biblical Eldership, Lewis and Roth Pulishers, 1995, p.162

다. 그러나 장로들이 그 교회에 있었을 것이라고 쉽게 짐작할 수 있는 말이 있다. 그는 로마 교회 성도들이 어떻게 교회를 봉사해야 할 것인지 말하면서 "다스리는 자는 부지런함으로"라고 썼다(12:8). 이 말은 로마 교회에 "다스리는 자" 즉 장로가 있었다는 것을 간접적으로 알려 주고 있다. 로마 교회가 언제 누구에 의해 세워졌는지 알려져 있지 않다. 당시 로마와 동방 지역간에 편리한 도로가 있어 여행하기가 쉬워 사람들의 왕래가 잦았다. 로마에 여행하는 사람들 중에 그리스도인들이 있어 이들에 의해 복음이 전해지고 교회가 세워졌을 것으로 보인다. 바울이 로마에 편지를 쓰던 당시에는 상당한 수의 지도자들을 가진 규모있는 교회가 이미 세워져 있었던 것이다. 그러므로 이 교회는 동방의 교회들이 가진 보편적인 체제를 따라 교회를 감독하고 다스릴 장로들을 세우고 있었을 것이라고 능히 짐작할 수 있다.

고린도전·후서

바울이 고린도에 보낸 서신(주후 53-54)에도 장로라는 말은 분명하게 사용되지 않았다. 그러나 고린도 교회가 주후 50년 경에 복음을 받아 세워진 교회로 비록 어린 교회였지만(행18장 참조), 다스리는 장로가 있었을 것으로 능히 짐작할 수 있다. 바울은 고전 12장에서 성도들이 받은 다양한 성령의 은사에 관해 언급하는데, 그 중 한 가지가 "다스리는 것"이다(28절). 그리고 고린도 교회 성도들 중에 세상 법정에 형제를 상대로 송사하는 자가 있다는 사실을 들어 책망하면서 "불의한 자들 앞에서 송사하고 성도 앞에서 하지 아니 하느냐... 너희 가운데 그 형제간 일을 판단할 지혜있는 자가 이 같이 없느냐"고 말한다(6:1, 5). 여기 주목을 끄는 것은 교회에서 성도들 간에 일어난 시비를 판단하기 위해 그 가운데 선택된 어떤 자들(장로들)이 있었음을 간접적으로 말한다는 것이다. 고린도 교회 교인들 중 상당수가 장로들이 그 집단 내의 권징을 시행하는 회당 생활에 익숙했는데 신약교회에 이런 장로들이 없었다고 생각하기 어렵다.

데살로니가전·후서

바울이 데살로니가 교회에 쓴 편지에도 장로라는 말은 없으나 "다스리며 권하는" 지도자들이 언급되고 있다(살전 5:12, 13). 이 지도자들은 교회의 장로들이었음이 분명하다. 행17:1~9에 의하면 바울과 그의 동역자들이 데살로니가에 어려운 저항세력이 있었음에도 불구하고 담대하게 복음을 전했다. 그 결과 그곳에 있는 상당수의 헬라인들이 예수를 믿었고, 교회가 세워졌다. 그 교회가 비록 어렸지만 "다스리며 권하는" 장로들이 분명히 있었던 것으로 보인다.

빌립보서

빌립보 교회에 쓴 편지에도 장로라는 말은 없다. 그러나 장로라는 말과 같은 직분을 가리키는 '감독들'이란 말이 나온다. 바울은 "빌립보에 사는 모든 성도와 또 감독들과 집사들에게 편지하노니"라고 한다(1:1). 여기서 감독들은 장로들을 가리키는 다른 말이다. 바울은 장로란 말과 감독이란 말을 바꾸어 가며 쓰고 있다(행20:17, 28; 딛1:5, 7 참고). 장로는 유대인들에게 익숙한 말로 노련함, 권위, 지혜를 생각케 하며, 감독은 주로 이방인인 헬라 사람들에게 익숙한 말로 직책, 역할을 강조하는데 희랍어에 기원을 두고 있다.

그런데, 바울은 이 두 가지 말을 형편에 따라 바꾸어 가며 사용한다. 행20에 바울이 밀레도에서 사람을 에베소에 보내어 '교회 장로들'을 청하여 오게 하고 이들에게 한 이별사에서 "성령이 저들 가운데 너희로 감독자를 삼았다"고 했다(28절). 그리고 바울은 디모데전서 3장에서 감독의 직분에 대한 자격을 말한 후에 더 이상 감독이란 말을 사용하지 않고 5장에서 장로라는 말을 사용하여 "잘 다스리는 장로를 배나 존경할 것"이라고 한다(5:17). 나아가, 디도서에서 바울은 디도에게 그레데에 "장로들을 세우게 하기 위해"(1:5) 그를 그레데에 떨어뜨려 두었다고 한 후 장로들의 자격에 대해 "감독"이라고 부르며 설명하고 있다(1:7). 이로써 장로와 감독은 같은 직분을 가리키는 동의어임이 확실하다.

바울이 로마 감옥에 갇혔을 때 이 빌립보서를 썼다(주후 60-62). 이때 빌립보 교회는 이미 10여년의 역사를 가진 영적으로 성숙한 교회였으므로 장로들이 임직되어 감독하고 돌보았을 것이 틀림없다. 빌립보서에 '감독들과 집사들'을 언급한 것은 딤전

3:1-13에 감독과 집사에 관하여 말한 것과 매우 유사하다. 이 감독은 곧 장로를 가리킨 것이었다.

디모데전·후서

목회서신이라 불리는 디모데서와 디도서에는 장로의 직분에 대한 언급이 분명하게 나타난다. 디모데전서는 바울이 로마 감옥에서 풀려나온 후(주후 62년 경) 에베소 교회를 지도하고 있던 디모데에게 쓴 것이다. 바울이 지난 날 밀레도에서 장로들을 불러 이별사를 했을 때 악한 이리들(거짓 스승)이 나타나게 될 것이라고 경고했었다. 그 후 5, 6년이 지난 후 그가 예언한 대로 그곳에 거짓 스승들이 나타나 교회를 혼란하게 했다. 아마 그 동안 자격이 없는 사람들과 믿은지 얼마 안되는 '새로 입교한 자들'이 장로가 되어 교회를 거짓 스승의 활동으로부터 보호하지 못했던 것으로 보인다(딤전3:6). 후메내오와 알렉산더 같은 자들은 출교를 당했어야만 했다(딤전1:20).

하나님의 집인 교회에는 책망할 것이 없는 자격을 가진 자들이 감독으로 봉사를 해야 했다. 그래서 바울은 디모데에게 하나님의 집에서 어떻게 지도력을 나타내야 하는지 깨우쳐 주고 싶어 했다(딤전3:15). 그는 장로(감독)의 자격에 대해 구체적으로 이야기함으로써 매우 신중하게 장로를 세워야 할 것을 강조했다(딤전3:1-13).

이때는 이미 교회의 직분제도가 정착이 되어 장로들 가운데

'다스리는 장로'와 '가르치는 장로'로 두 개의 유형으로 나눠져 있었다. 그래서 바울은 "잘 다스리는 장로들을 배나 존경할 자로 알되 말씀과 가르침에 수고하는 자들에게 더 할지니라"고 했다(딤전5:17). 결국 교회에 항구적으로 필요한 '가르치는 장로(목사)', '다스리는 장로', 집사(딤전3:1-13) 등 세 직분으로 제도화 되었음을 알 수 있다.

디도서

디도서 역시 바울이 로마 감옥에서 풀려나온 후(주후 62년 경)에 디도와 함께 그레데 섬을 방문한 후 거기 디도를 머물게 한 후 그에게 쓴 편지다. 그레데 섬에도 교회들이 세워져 있었으나 아직 약한 형편에 장로들도 없었으므로 사도적 지도와 관리를 필요로 했다. 바울은 디도를 그곳에 떨어뜨려 둔 이유로서 "부족한 일을 바로 잡고 나의 명령한 대로 각 성에 장로들을 세우게 하려 함"이라고 했다(1:5).

교회가 장로 없이도 존재할 수는 있다. 그러나 성도들을 보호하고 바로 인도하기 위해서는 교회마다 장로들이 있어야 한다. 장로는 교회의 재량대로 세울 수도 있고 세우지 않아도 되는 것이 아니다. 장로를 세우는 일은 사도적인 명령이었다. 그러므로 사도적인 교훈을 좇는 교회는 장로를 반드시 세워야 한다. 여기 바울이 언급한 "나의 명한 대로"라는 말에 주목해야 한다.

3) 베드로 서신의 증거

베드로는 주후 63년 경 로마에서 박해를 받는 가운데서도 소아시아의 다섯 지역(본도, 갈라디아, 갑바도기아, 아시아, 비두니아)에 흩어져 있는 성도들에게 보내는 편지를 통해 특별히 장로들에게 직책의 중요성에 대하여 언급했다(벧전 1:1, 5:1). 이 사실만 봐도 장로제도가 그 지역에 이미 정착되어 있었다는 것을 알 수 있다. 그러므로 장로제도가 사도시대 이후에 도입되었다는 주장은 잘못됐다.

벧전5:1-4의 내용은 마치 바울이 밀레도에서 에베소 교회 장로들에게 행한 작별인사를 생각나게 한다(행20:1-28). 이 내용은 로마 제국의 아시아 다섯 지방의 장로들에게 보내는 베드로의 작별 인사처럼 들린다. 베드로는 이 편지를 보낸지 약 2년 후에 로마에서 순교했기 때문이다.

베드로는 자신을 "함께 장로된 자"(5:1)라고 함으로써 교회 장로들과의 특별한 연대성을 강조했다. 그는 실상 한때 다른 11제자와 함께 예루살렘 교회의 장로였던 것이다. 물론 사도들이 장로로 불려지지는 않았으나 이제 태어난 예루살렘 교회에서 양무리를 돌보는 장로직의 기능을 수행했으므로 스스로 장로라고 생각했던 것이다. 이 편지를 쓸 때 그는 여러 교회들을 돌보는 실제적인 목자였다. 그는 주 예수 그리스도의 교회를 돌보는 종으로 모든 교회의 장로들과 어깨를 함께 하며 자신을 "함께 장로된 자"라고 부를 수 있었던 것이다.

4) 야고보 서신의 증거

주의 형제인 야고보(갈1:19)는 박해로 인해 사방에 흩어져 있는 (행11:19) 유대 열두 지파에게 편지를 썼다. 그가 이 편지를 쓴 것은 주후 45-48년으로 추정된다. 여기 관심을 끄는 것은 당시 이미 유대지역 밖에 흩어져 있던 유대인 교회들에 장로들이 있었다는 사실이다. 그는 5:13, 14에서 "너희 중에 병든 자가 있느냐 저는 교회의 장로들을 청할 것이요, 그들은 주의 이름으로 기름을 바르며 위하여 기도할 지니라"고 했다. 이는 당시 모든 교회에 공식적으로 인정된 장로들이 있었다는 사실을 분명하게 알려 주는 것이다.

장로직에 대한 역사적 증거

02 Chapter

제 2 장

장로직에 대한 역사적 증거[5]

1. 교부시대의 증거

　사도시대가 지난 후 오래 지나지 않아 초대 교회에서 자리잡았던 교회 직분에 대한 이해가 변화되었다. 사도시대에 장로라 불린 직분이 차츰 다른 의미로 사용되기 시작한 것이다. 원래 장로와 동의어로 같은 직분을 의미했던 감독이 지역교회를 담당한 성직자(목사)를 가리키는 말이 되었고, 장로는 감독 아래서 봉사하는 낮은 직분(사제, priest)을 의미하게 되었다. 그러나 초대 교부

---

5 Samuel Miller, op.c. pp. 88-179 참고

들 가운데 상당수는 사도적인 전통을 따라 장로의 본질을 지키려고 했던 노력과 흔적을 엿볼 수 있다.

로마의 클레멘트(Clement of Rome)는 주후 95년 경 고린도 교회에 보내는 편지에서 장로들을 반역하여 교회에 혼란을 초래한 자들을 견양하여 이르기를 "그리스도의 양무리는 그들 위에 세운 장로들(presbyteroi)과 화평을 누리게 하라"고 했다.[6] 당시 모든 지역 교회에는 복수의 장로들이 있었다. 이들은 교회의 감독들로서 주의 양무리를 다스리고 돌보았다.

이그나티우스(Ignatius, 주후 35-107)는 안디옥의 감독으로 로마 황제 트라얀(Trajan)의 박해를 받고 순교했다. 그는 로마로 가는 순교의 길에서 소 아시아의 여러 교회들을 방문할 수 있었다. 서머나와 두로아에서 아시아 교회들과 로마 교회와 서머나의 폴리갑(Polycarp)에게 쓴 편지에서 그는 장로들에 관하여 여러 번 언급했다. "너희들의 감독과 장로들의 회(Presbytery)에 전심으로 순종하라."[7] "내가 권하노니, 하나님을 대신하여 인도하는 너희 감독과 사도들의 회를 대신하는 너희 장로들과 내게 매우 친근한 집사들은 예수 그리스도를 섬기는 일을 맡았으므로 너희들은 모든 일이 하나님의 뜻과 일치되게 하도록 노력하라." 또 "너의 감독과 장로들 없이는 아무것도 하지 말라"고 했다.[8] 또 이

---

6 Epistle to the Church of Corinth, 47, 54,57
7 Epistle to the Ephesians, 20
8 Epistle to the Magnesians, 6,7

르기를 "모두가 집사들을 예수 그리스도처럼, 감독을 아버지처럼, 장로들을 하나님의 산헤드린과 사도회처럼 존경하게 하라"고도 했다.[9]

폴리캅(Polycarp, 69-155)은 사도 요한의 제자인데 서머나 교회의 감독으로 로마 황제 마르쿠스 아우렐리우스(Marcus Aurelius) 시대에 순교했다. 그가 빌립보 교회에 보낸 편지에서 복수 장로들을 언급하여 "장로들은 오류에 빠진 자들을 돌이키는 일을 할 때에 모두에게 부드럽고 자비롭기를 바라노라"고 했다.[10]

키프리안(Cyprian, 200-258)은 카르타고의 감독으로 3세기에 교회 정치문제에 관한 한 대가였다. 그가 감독들과 장로들과 집사들에게 보낸 편지에서 당시(3세기)까지만 해도 "다스리는 장로들"이 있었던 사실을 알려 주고 있다. 그는 제29서신에서 "부활절에 "가르치는 장로들"(teaching presbyters) 앞에서 낭독자들(readers)을 인허했을 때에 읽는 일에 있어서 사투르투스(Saturtus)를 한두 번 시험했고, 그 다음 낭독자들 중에서 옵타투스(Optatus)를 청중의 교사로 지명했다"고 했다. 여기서 그가 '가르치는 장로들'에 대해 언급한 것은 당시에 가르치지 않고 다스리기만 하는 장로들이 있었다는 사실을 알려 주는 것이다. 3세기 하반기인 키프리안 시대까지도 교회에서 설교하지 않고 다스리기만 하는 장로들이 있었다는 사실을 알 수 있다. 이는 사도시

---

9 Epistle to the Trallians, 2,3,,13
10 Epistle to the Philippians, 6

대 후인 교부시대의 교회에서 직분제도는 일률적이 아니었으며, 지방에 따라 약간씩 달랐음을 보여 준다. 지역에 따라 사도시대의 직분제도를 그대로 보존하려고 노력하는 교회들이 있었던 것이다.

희랍교부 오리겐(Origenen Adamantius, 185-254)은 애굽의 알렉산드리아 출신으로 초대 교회사에 신학의 대가였는데, 데시우스(Decius) 황제로부터 심한 고문을 받고 순교했다. 그는 여호수아서를 다룬 일곱 번째 설교(7th Homily)에서 "세 번 책망했으나 회개하기를 원하지 않은 자가 그 교회 장로들에 의하여 출교를 당했다"고 한다. 오리겐 시대에 범죄한 후 회개하지 않는 자를 출교하고, 회개하는 자를 다시 교회에 받아들이는 권징을 시행한 것은 교회의 회중이 아니고 장로들의 회(presbytery)였다는 사실을 잘 알려 주고 있다.

암브로스(Ambrose, 340-397)는 서부 교회의 4대 신학자 중 한 사람으로 밀란의 감독이었다. 그는 딤전5:1의 주석에서 이렇게 기록했다;

"실로 모든 민족 중에 연령이 높은 사람들이 존경을 받게 된다. 그래서 회당과 그 후 교회가 장로들을 모셨고, 이들과 협의하지 않고서는 교회에서 아무 일도 행할 수 없었다. 이것이 어떤 소홀함으로 폐기되었는지 알 수 없다. 아마도 나태함이나 교사들이 자신들만 어떤 것으로 나타나기를 바란 것 때문이 아니었는가 생각한다."

교권적 감독제도를 옹호하는 사람들은 암브로스가 말한 장로들을 단순히 노년기 사람으로만 보려고 한다. 그러나 암브로스는 이를 사도시대에 세운 장로 직분자들로 의미했음에 틀림없다.

어거스틴(Aurelius Augustinus, 354-430)은 4세기 말 북 아프리카 힙포(Hippo)의 감독이었다. 그는 암브로스와 함께 서부 교회의 4대 신학자 중 한 사람으로 서부 교회의 교부들 중에 가장 큰 영향을 끼쳤다. 어거스틴은 그의 저서에서 직분에 관하여 종종 언급했다. 그의 글에서 "장로(presbyter) 페레그린(Peregrin)과 무스타칸 지역의 교회 장로들(elders)"이란 내용과[11] 힙포에 있는 그의 교회를 위해 쓴 편지에서는 "사랑하는 형제들과 성직자(clergy)와 장로들(elders)과 힙포 교회 모든 사람들에게"라는[12] 말이 있다. 어거스틴 시대는 이미 교회에 감독 교권제도가 상당히 확립되어 있었다. 그러나 아직 장로들이 있었으므로 사도시대 교회의 직분에 대한 흔적은 남아 있었던 것이다. 위의 글을 보면 그 시대에 장로들 세계에는 두 종류가 있었다는 사실을 알 수 있다. 곧 presbyters와 elders이다. 이들은 성직자(목사, clergy)와 구별되어 있었다. 여기서 주목을 끄는 것은 elders라는 말로 표현된 장로들도 일반적으로 연로한 교인들이 아니고 직분자들이었다는 사실이다. 왜냐하면 어거스틴은 이들을 교회의 모든 교인들과 구별하고 있기 때문이다. 어거스틴은 다른 곳에서도

---

11 Contra Grammaticum(lib. 3, Cap. 56)
12 Epistle 137

"그들이 잘못으로 장로들(elders)에게 꾸중을 듣고, 술에 취하거나 도적질함으로 책망을 받을 때..." 라고 쓰고 있다.[13] 여기서 어거스틴이 말한 장로는 단순히 연로한 사람을 의미하지 않고 교회의 직분자들을 가리킨다는 것을 의심하기 어렵다. 이렇게 4세기까지 교회 안에는 변질된 유형으로나마 사도시대의 장로 직분이 사라지지 않고 그 흔적이 남아 있었던 것이다.

2. 중세시대의 증거

대부분의 감독주의자들은 칼빈이 1541년 제네바 교회에 장로를 세우기 전에는 교회에 그런 직분이 전혀 없었다고 주장한다. 칼빈이 장로직을 창안했다고 하는 것이다. 그러나 루터가 종교개혁을 하기 350여 년 전 이미 장로 직분이 있었다는 증거가 있다. 왈도파 교회(The Waldensians, 1170-)의 목사요 역사가였던 페린(John Pual Perrin)이 그 교회 안에 목사 외에 장로가 있었다고 증언하고 있기 때문이다. 왈도파 교회는 속화되고 있던 로마교회에 반기를 들고 복음을 좇아 단순한 생활을 하려다가 출교를 당하고 박해를 받았다. 같은 저자는 왈도파의 지류인 보헤미아 형제들도 장로직분 제도를 가졌다고 한다. 1535년 보헤미아 형제

---

13 De Verb. Dom. Serm. 10

들이 헝가리와 보헤미아의 왕 페르디난드(Ferdinand)에게 루터의 서문이 담긴 신앙고백서를 제출했는데, 몇 년 후 이것이 '정치와 권징의 안(Plan of Government and Discipline)'이란 제목으로 출간되었다. 이 문서에 "장로들(Presbyters)은 전 회중으로부터 선택된 정직하고 근엄하고 경건한 사람들이었으며, 이들은 나머지 모든 사람들의 보호자로 행동하기 위해 있었다...... 고대 교회의 모본과 관습에서 우리는 이것이 언제나 행해져야 함을 믿는다"(출18:21; 신1:13; 고전 6:2, 4, 5:1; 딤전 5:17)고 하면서, 끝 부분에 이렇게 쓰여 있다; "그들과 그들의 조상들이 2백 년 동안 그들 가운데 세운 교회의 질서며, 이들은 하나님의 말씀에서 유래됐고, 많은 박해중에 인내로 유지했으며, 자신들과 하나님의 백성들에게 복된 결과를 가져 왔다"고 했다.[14]

스트라스부르그(Strasburg)에서 개혁자로 활동한 루터계 신학자인 부서(Martin Bucer, 1491-1551)가 보헤미아 형제들의 장로제도를 잘 이해하고 다음과 같이 극찬했다.

"1535년에 신앙고백을 발표한 보헤미아 형제들은....탁월한 법을 지켰다. 우리는 이에 대한 저들의 공로를 인정하고, 비록 저들이 어떤 학자들의 멸시를 받았다 해도 저들로 말미암아 역사하신 하나님을 찬양해야 한다.... 그들이 준수한 법은 이것이었다. 말씀과 성례를 위한 종들 외에 저들은 각 교회에 잘못을 책망하고

---

[14] Jo. Amos Cominii, Historia Fratrum Bohemorum Ratio Discipline Ordinisque, etc. 11, 56, 68

교정하며, 견해 차이를 조정하고, 논쟁할 경우 공평하게 판단하는 의무를 수행하는 등 신중함에 탁월한 사람들의 집단(a bench, or college of men)을 보유하고 있었다. 암브로스(Amobros Hilary)가 '그런고로 회당과 그 후의 교회에는 장로들이 있었고, 이들의 자문 없이는 아무것도 행할 수 없었다'고 말했을 때 이런 류의 장로들에 대해 쓴 것이었다."[15]

칼빈은 스트라스부르그에 머물며 봉사하는 동안 부서와 깊은 교제를 나눴다. 제네바 교회로 다시 부름을 받기 전 해인 1540년 보헤미아 형제들과 서신교환을 하면서 그는 그들의 교회정치에 대해 잘 알게 되었다. 칼빈은 그들을 본받아 교회권징의 순수성을 유지하기 위해 장로 직분제도를 도입할 필요성을 심각하게 생각하였다. 그가 1938년 제네바에서 추방당한 것은 권징을 통해 교회 생활의 순수성을 지키려고 했기 때문이었다. 그런데 그때 권징을 시행하기 위한 제도가 미비했던 것이다. 그는 교회에 효과적인 권징이 시행되지 않는 한 참된 교회의 평안과 번영을 기대할 수 없다는 사실을 쓰라린 경험을 통해 잘 알고 있었다. 3년 후 1941년 칼빈이 하나님의 섭리로 제네바 교회를 봉사하기 위해 다시 부름을 받고 돌아왔는데, 그때부터 장로회라는 치리기관을 통해 권징과 치리를 했다.

---

15 Scripta duo Adversaria Latomi, etc. in Cap De Ecclesia Autoritate, p. 159

3. 개혁시대 신학자들의 증거

스위스에서는 칼빈이 등장하기 전 개혁자 즈윙글리(Ulrich Zwingli, 1531)가 다스리는 장로에 관해 언급하면서 "성경에 나오는 장로라는 칭호가 설교자들에게 적용되는 것으로 생각하는 자들이 있는데, 바로 이해하지 못한 것이다. 왜냐하면 이 어휘는 종종 다른 종류의 장로들, 즉 원로들, 지도자들, 자문가들 (senators, leaders, counsellors)을 가리키는데 사용되는 것이 확실하기 때문이다…"라고 하였다.[16]

칼빈이 등장하기 전 바젤(Bazel)에서 사역한 개혁자 우크람파디우스 (John Oecolampadius, 1482-1531)는 1530년 바젤의 원로원 앞에서 이렇게 말했다; "여기 의도된 자들은 사도시대에 있었고, 옛부터 프레스비테로이(presbyteroi)라고 불리는 장로들이었다. 이들의 판단은 교회적으로 매우 신중히 고려되어 전교회의 결정으로 간주되었다."[17]

스트라스부르그에서 사역한 개혁자 부서(Martin Bucer)도 다스리는 장로직에 대해 사도시대에 다스리는 직분이었다고 확신했던 사실을 앞에서 이미 언급했다.

폴란드의 유명한 개혁자 알 라스코(John a Lasco, 1499-1560)도 다스리는 장로직에 대해 탁월한 증거자였다. 영국왕 에

---

16 Voetius, Policicae Ecclesiasticae으로부터 재인용
17 Samuel Miller, op.c. pp.133,134

드워드 6세(Edwards VI)의 초청을 받고 영국에 간 그는 대륙에서 온 피난민 교회를 봉사하며 감독제와 다른 장로직제도를 성경적인 직제로 주장하고 가르쳤다. 당시 에드워드 왕과 대감독 크랜머(Cranmer)는 대륙 개신교회의 법안에 매우 호의적이었다. 그래서 다스리는 장로제도를 영국 국교회에도 도입하자고 제의한 일이 있었지만 수용되지는 않았다.[18]

칼빈은 장로의 직분을 사도들이 세운 것으로 확신하고, 그 근거를 성경에서 찾았다. 또한 그는 고대 교회에 있었던 직분의 확실한 증거로서 암브로스(Ambrose, 주후 340-397)의 글을 인용했다. 그는 딤전5:17의 주석에서 이렇게 말한다; "이 장절에서 우리는 그때 두 종류의 장로들이 있었다는 결론을 내리게 된다. 왜냐하면 저들은 모두 가르치는 일을 위해 임직을 받지 않았기 때문이다. 그 말은 어떤 자들은 잘 다스렸지만 공적으로 가르치는 일은 맡지 않았다는 것을 분명하게 의미한다. 신중하고 인정받는 사람들 중에서 선택을 받은 자들이 있었는데, 이들이 공회에서 목사들과 연합하여 권위를 가지고 교회의 권징을 시행하고 도덕적으로 바로잡기 위해 단속을 했다. 암브로스는 이 제도가 홀로 뛰어나기를 원하는 가르치는 장로들에 의해 폐기되고 말았다고 불평했다."

칼빈은 특별히 다스리는 장로에 대한 성경적 근거를 로마서

---

18 Ibid. pp.138,139

12:8의 "다스리는 자"와 고리도전서 12:28에 언급한 은사 중 "다스리는 것"에서 찾았다. 그는 이 장절이 언급한 병 고치는 은사와 방언하는 은사 등은 일시적으로 있다가 사라지는 것이나, 교회에서 다스리고, 가르치며, 자비를 베푸는 은사는 영속적인 것으로 생각했다. 그래서 교회에는 "항존하는 두 가지 직분이 있는데 내 생각으로는 백성 중에서 선택된 다스리는 자들, 즉 장로들(elders)이 있어 감독들과 함께 생활을 살피고 권징을 시행했던 것이다"라고 했다.[19]

칼빈은 교회의 건전한 생활과 발전은 장로들로 이루어지는 치리회가 있어야 가능하다는 것을 확신하고 1541년 9월 13일 제네바로 다시 돌아왔다. 그는 2개월이 지난 11월 20일 제네바 의회에 교회법(Projet d'Ordonances Ecclesiastiques)을 제출하여 통과시킴으로써 교회로 하여금 장로제도를 공식적으로 도입하게 하였다. 그 후 화란의 개혁교회와 스코틀랜드 장로교회도 제네바 교회의 직제를 본받아 장로제도를 도입하게 되었다.

칼빈 이후 16세기 하반기에 영국의 신학자들 중 상당수(Greehham, Whitaker, Cartwright 등)가 영국교회의 감독직제와 다른 장로직제를 옹호했다. 그 가운데 특별히 카트라이트(Cartwright Thoman, 1535-1603)는 탁월한 청교도 신학자로서 목사들간의 동등권을 주장하고 교회정치는 "장로의 회"(presbyteries)에 의해 시행되어야 한다고 주장했다.

---

19 Idem.

장로의 필요성

03 Chapter

제 3 장

장로의 필요성

교회는 성도들의 교제 공동체(commuion of saints)이다. 교회 공동체의 안정된 번영과 순수성을 확보하기 위해서는 성실한 지도와 권징이 필요하다. 교회의 권징은 교회의 성결성과 순수성을 지키기 위해 교회의 머리이신 그리스도께서 세우시고 명령하신 은혜로운 방편 가운데 하나이다(마 16:19; 18:15-20). 교회가 권징을 실시함으로써 범죄자를 회개의 길로 인도할 수 있고, 그리스도의 이름을 높일 수 있게 된다. 범죄한 성도를 회개로 이끄는 권징이 없는 교회는 하나의 인간 공동체에 불과할 뿐 참된 교회는 될 수 없다.

그렇다면 교회의 권징이 누구에 의해 시행되어야 하는지가 문제다. 교회는 복음을 선포하고 가르치는 목사(가르치는 장로)가 있다. 목사가 혼자 교회의 권징을 시행 할 수 있는가? 이것이 혹 가능할 수 있다. 그러나 목사 단독으로 시행하면 어려운 문제가 생길 수도 있다. 권징을 받는 당사자뿐 아니라 모든 성도들이 공평하게 시행된다고 생각하기 어려울 것이다. 그 이유는 아무리 훌륭한 목사라도 다른 사람들과 꼭 같이 연약성과 불완전성을 가진 인간이기 때문이다.

나아가, 목사도 다른 사람들처럼 자기를 드러내고 교권을 행사하기 쉬운 부패된 본성을 가지고 있다. 이런 현상은 사도시대가 지난 후 오래지 않아 감독 교권체제가 생기면서 나타났다. 이런 이유 때문에 성경에서 한 개인에게 교회의 정치를 맡긴 예를 찾아 보기 어렵다. 이런 예는 일찍이 유대인들의 회당제도에도 없었다.

주 예수께서는 그의 교회가 한 사람이 아닌 여러 사람이 모인 직분자들의 회에 의해 권징이 시행되어야 할 것을 일찍부터 마음에 두셨다. 그래서 일찍이 제자들에게 권징의 시행에 대해 말씀하시기를 "네 형제가 죄를 범하거든 가서 너와 그 사람과만 상대하여 권고하라. 만일 들으면 네가 네 형제를 얻은 것이요, 만일 듣지 않거든 한두 사람을 데리고 가서 두세 증인의 입으로 말마다 증참케 하라. 만일 그들의 말도 듣지 않거든 교회에 말하고 교회의 말도 듣지 않거든 이방인과 세리와 같이 여기라"고 하셨다(마18:15-17). 이 말씀에서 주목을 끄는 것은 범죄한 형제가 개인의 말도, 두세 증인의 말도 듣지 않으면 "교회에 말하라"고 하신 것이다.

예수님이 말씀하신 그때에 신약교회는 아직 조직되어 있지 않았다. 그러면 이 교회는 무엇을 뜻하는 것인지 생각해보지 않을 수 없다. 예수님은 당시 구약 말기의 교회라 할 수 있는 유대인 회당의 장로들의 치리회를 마음에 두고 말씀하신 것이 분명하다. 유대인들의 회당에는 언제나 적어도 세 사람 이상의 장로들이 있었다. 예수님께서는 교회의 공적 권징은 한 사람이 아닌 공인된 치리회에 의해 시행되어야 할 것을 가르치신 것이다. 이 회당의 치리제도는 후일 교회에 본이 되었다.

사도시대의 교회에도 회당처럼 언제나 한 사람의 장로가 아닌 다수의 장로들이 세워졌다. 신약에서 개 교회의 장로에 관하여 말할 때는 언제나 복수를 사용하고 있는 것만 봐도 알 수 있다. 모교회라 할 수 있는 예루살렘 교회는 다수의 장로들을 세워 교회를 감독하고 다스렸다(행11:30, 15:2, 4, 6). 에베소 교회도 여러 장로들이 감독하고 다스렸다(행20:17; 딤전5:17). 바울과 바나바는 루스드라, 이고니온, 안디옥 등의 각 교회에 장로들을 택하여 세웠다(행14:23). 이 장로들은 모두 성도들 가운데서 성도들에 의해 선택되었다. 신약교회 초기에 교회마다 여러 장로들을 세웠다는 사실은 교회생활에서 일인 전제체제의 위험을 잘 아시는 교회의 주 예수 그리스도의 인도로 이뤄진 것이었다.

그런데 사도시대 이후 인간적인 교권욕이 차츰 교회에 들어와 자리잡았다. 따라서 장로들에 의한 교회의 치리가 약화되기 시작

하더니 결국 사라지고 말았다. 4세기에 이르러 사도시대에 있었던 다스리는 장로 직분이 교회에서 사라지고 대신 감독정치체제가 들어왔다. 그 무렵 교회를 봉사하던 암브로스(Ambrose, 주후 340-397)는 지난 날의 장로제도가 폐기된데 대해 안타까워했다. 그래서 그는 딤전5:17의 주석에서 "회당과 그 후 교회에 장로들이 있었고, 이 장로들의 자문 없이는 교회에 어떤 일도 행해지지 않았다. 그런데 이 제도가 어떻게 해서 등한시되다가 폐기되어 버렸는지 나는 모르겠다. 아마도 이에 소홀했거나 교사들이 자기들만 중요하게 여기며 나타내려고 하는 교만 때문이었을 것이다"라고 했다.

17세기 영국의 청교도적 독립교회주의자요, 신학적으로 철저한 칼빈주의자였던 오웬(Owen, John, 1616-1683)은 장로회 정치체제를 지지했다. 그는 장로회 제도가 교회의 순수성을 지키는데 필수적이라는 확신을 가지고 이렇게 말했다; "그리스도 교회의 순수성과 질서, 그 아름다움이나 영광, 교회정치의 위엄과 권한을 나타내는 일은 교회를 다스리고 지도하기 위해 성도의 비율을 따라 교회 내에 세워진 장로들의 증가 없이는 오래 보존될 수 없다. 장로들이 사라짐으로써 초대교회 이후의 교회가 혼란에 빠지게 되었던 것이다."[20]

교회의 순수성을 보존하고 건전한 발전을 하기 위해서는 다스

---

20 Owen, John, The nature of a Gospel Church, p.172

리는 장로들이 필요했다. 그래서 구약교회에 장로들이 있었고, 신약교회에도 장로들이 세워졌다. 대부분의 개혁자들은 이 장로직이 주께서 그의 교회를 위해 세우신 성경적인 직분임을 확신하고 천 년 이상 폐기되었던 '다스리는 장로' 직분을 교회에 다시 도입했던 것이다. 다스리는 장로직은 교회의 바른 감독과 지도와 권징시행을 통해 교회의 순전성을 보존하기 위해 꼭 필요한 직분인 것이다.

루터는 장로 직분에 대해서 생각하지 않았으며, 교회의 공적 권징에 관해서도 별 관심을 기울이지 않았다. 그는 목사가 하는 설교에 죄에 대한 경고와 책망이 포함되는 것을 권징으로 간주했다. 이런 사고가 개혁주의 교회 이외의 대부분의 교파 교회들 속에 자리잡고 있다. 그 결과 장로제도와 권징의 필요성을 느끼지 않게 된 것이다. 그러나 개혁교회는 죄를 벌하고 교정하는 교회의 공적 권징을 세 가지 참교회의 표지 가운데 하나로 여기고 있다.[21]

---

21 The Belgic Confession, Art. 29; "It(the true Church) exercises Church discipline for correcting and punishing sins."

'다스리는 장로'와 '가르치는 장로(목사)'

04 Chapter

제4장

'다스리는 장로'와 '가르치는 장로(목사)'

현재 보수적인 신학을 가진 장로교회 안에는 장로를 '가르치는 장로'와 '다스리는 장로'로 나누어 생각하는 경향이 지배적이다. 이것은 새로운 견해가 아니다. 우리 교회정치에도 교회 항존직원을 밝히는 조항에 "교회의 항존할 직원은 목사(말씀과 치리에 봉사하는 장로), 교인의 대표자인 장로와 집사"라고 하고 있다.[22] 이는 목사도 기본적으로 장로라는 것을 가리키고 있다.

장로를 '가르치는 장로'와 '다스리는 장로'의 두 종류로 나누어 생각하는 것은 종교개혁 후 개혁주의 교회(개혁교회와 장로교회)의 일반적인 경향이었다. 칼빈이 장로제도를 개혁교회에 처음

---

22 교회정치 제28조 교회 항존 직원

도입하면서 이것이 사도적 교회의 제도이고, 성경적 직분이라고 확신했지만 목사도 기본적으로 장로라는 사실에 대해 점차 확신을 갖게 된 것으로 보인다. 그는 처음 성경에 나타난 장로(presbyteros)와 감독(episcopos)은 동의어임을 확인하고, 모두 가르치는 직분(목사)을 가리킨다고 보았다.[23] 그가 이렇게 생각한 데는 당시 로마 교회의 위계적 교권제도(대감독, 감독, 사제)를 비성경적이라는데 초점을 맞췄기 때문인 것으로 보인다. 앞서 이미 언급한 것처럼 사도시대의 감독과 장로는 같은 직분을 가리키는 칭호였는데 교부시대 이후 차츰 감독은 목사만 가리키고, 장로는 목사를 돕는 조사들에게 적용함으로써 교회에 교권제도가 도입되었던 것이다. 칼빈은 이런 전통을 따라 확립된 로마 교회의 감독제도를 비성경적인 것으로 배격했다. 그리고 그는 다스리는 장로에 대한 성경적 근거를 롬12:8과 고전12:28에서 찾았다. 거기 "다스리는 자는 부지런함으로"라는 말과 "다스리는 것"이란 말이 있다. 칼빈은 당시 교회에 나타난 방언, 능력, 병 고치는 은사 등은 일시적인 것이나, '가르치는 것', '다스리는 것', '긍휼을 베푸는' 은사 등은 교회에 영속적으로 필요한 것이니 항상 있게 될 것이라고 생각했다. 그래서 그는 장로(elders)란 다스리는 은사를 받은 자들로 교인들에 의해 선택을 받아 감독과 함께 생활을 살피고 권징을 시행하는 자들이라고 생각했다.[24] 그런데 곧 칼

---

23 칼빈, 기독교 강요 IV, 3,8
24 Ibid.

빈은 두 종류의 장로를 언급하는데 "바울은 또한 두 종류의 장로들, 즉 말씀에 수고하는 자들과 말씀 전하는 일을 하지 않고 다스리는 자들(딤전 5:17)을 구별한다"고 말했다.[25]

칼빈에게도 다른 사람과 마찬가지로 성경적인 직분을 이해하는 과정이 점점 진전되어 갔던 것이다. 결국 칼빈은 딤전5:17의 본문을 따라 장로 중에는 '가르치는 장로'와 '다스리는 장로'의 두 종류가 있다고 본 것이다.

장로교회 교회정치(The Form of Presbyterial Church Government, 1645)는 웨스트민스터 대회(The Westminster Assembly, 1643-1653)에서 작성되었다. 그런데 이 정치는 처음 칼빈의 경우처럼 장로직의 성경적 근거를 롬12:8과 고전12:28에만 두었다.[26] 칼빈의 경우와는 달랐던 것이다. 당시 이 대회의 회원 신학자들 중에는 장로제도를 적극 반대하는 감독정치체제 지지자들, 국교회 정치제도(Erastianism) 지지자들과 회중교회(독립교회) 정치 지지자들이 섞여 있었다. 이들은 교회를 다스리는 장로직을 하나님이 세우신 직분(jus divinum)으로 보지 않았다. 그래서 저들은 장로제도를 분명하게 언급하고 있는 딤전5:17을 성경적 증거로 삼는데 대해 반대했으므로 이 구절이 누락되고 말

---

25 칼빈, 기독교 강요 IV,11.1
26 Iain Murray, The Reformation of the church, A collection of Reformed and Puritan Documents on Church Issues, London, 1965, pp.213,214. See the section of "Other Church-Govenors" of The Form of Presbyterian Church Government 1645.

았다.[27] 장로회 정치체제를 가장 성경적으로 보는 대회의 다수 신학자들은 장로회 정치체제를 수립하기 위해서는 약간의 양보를 하여야만 했던 것이다.

그러나 종교개혁 이후 개혁교회들은 계속 체계적인 성경주해를 통해 더욱 성경적인 직분관을 확립하기 위해 노력해 왔다. 그 결과 오늘 전통적인 개혁주의 신학의 노선을 걷는 장로교회들은 성경을 통해 직분을 이해하는데 전보다 훨씬 분명한 입장을 보여주고 있다. 지난 세기 말까지 상당수 교회들이 그 동안의 연구 결과를 따라 기존 교회정치를 개정하여 받아들이게 되었다.

1999년까지 개정을 마친 미국 정통장로교회(the Orthodox Presbyterian Church)의 교회정치는 교회 직분 항목에서 "교회를 다스리는데 참여하는 자들이 장로(presbyters), 감독, 혹은 교회를 다스리는 자들이라 불린다"고 함으로써 장로와 감독이란 호칭은 동의어로 다스리는 장로를 가리킨다는 사실을 분명히 하고 있다.

나아가 "또한 말씀과 가르침에 수고하기 위해 은사를 받고 그리스도의 부름을 받은 장로들은 목사라 불린다"고 함으로써 목사도 장로라는 사실을 밝히고 있다.[28] 그리고 목사 항목의 장에서 그 제목을 '목사들 혹은 가르치는 장로들(Ministers or

---

27 John Lightfoot, The Whole Works of the Rev. John Lightfoot, D.D. Vol. 13, pp.75,76
28 The Book of Church Order of the Orthodox Presbyterian Church, 2000, Chapter VI, 4

Teaching Elders)'이라고 붙이고 이 범주에 국내에서 전도 혹은 선교에 봉사하는 목사들(Evangelists), 개교회를 목회하는 목사들(pastors)과 신학교를 비롯한 각종 학교에서 가르치는 목사들(ministers)을 포함시키고 있다.[29]

나아가 장로직을 다루는 장에서는 '다스리는 장로들(Ruling Elders)'이라는 칭호를 붙이고 있다.[30]

미주의 또 다른 보수 장로교회인 '미 장로교회(The Presbyterian Church in America)'는 정통장로교회보다 훨씬 더 분명한 모습을 보여주고 있다. 이 교회는 남장로교회 (The Presbyterian Church in the U.S.)가 북장로교인 연합장로교회(The United Presbyterian Church in the U.S.A.)와 통합할 때 가담하지 않은 교회들이 1973년 총회를 조직하여 새출발했다. 이 교회들은 남장로교회의 보수적인 신학과 생활의 전통을 계승하기 위해 통합을 반대한 것이다.

이 교회는 새로운 총회를 조직한 후 교회정치를 상당히 수정하여 오늘까지 사용하고 있다. 이 교회정치에는 목사, 장로, 집사 세 직분이 아니고, 기본적으로 두 직분 곧 장로와 집사의 직분이 있다고 말한다;[31] "교회에 통상적이고 영구적인 직분의 종류는 장로와 집사이다. 장로직에는 가르치는 장로와 다스리는 장로 등

---

29 Ibid., Chapter. VII, VIII, IX
30 Ibid., Chapter. X
31 Form of Government, The Presbyterian Church of America, 2004, 7-2

두 종류가 있다."

그리고 장로(The Elder)라는 제목을 가진 같은 장 속에서 '가르치는 장로'와 '다스리는 장로'를 함께 다룬다. '가르치는 장로'에 관하여는 "주께서 사람들에게 다른 은사를 주시는데, 어떤 사람에게 특별한 은사와 소명을 맡겼기 때문에 교회는 어떤 사람을 가르치는 장로로 초빙하고 세울 권한을 갖는다"고 한다.[32] '다스리는 장로'에 관하여는 "장로들은 하나의 동등한 직분에 속하므로, 다스리는 장로들은 교회 치리회에서 가르치는 장로와 같은 권위와 피선거권을 소유한다"고 한다.[33]

여기 나타난 대로 미 장로교회의 장로관은 다른 장로교회에 비해서 매우 강하다고 할 수 있다. 이것은 19세기부터 남장로교회가 받아온 전통의 결과이다.[34] 미 장로교회는 '다스리는 장로'와 '가르치는 장로'가 치리회 내에서 동등한 피선거권을 가진 자라는 것을 강조함으로써 '다스리는 장로'가 수년 전에 총회장으로 당선되어 봉사한 예를 남겼다. 이 교회는 장로의 동등권을 강하

---

32 Ibid., 8-4
33 Ibid., 8-9
34 19세기 중반에 북장로교회를 대표하는 신학자 찰스 핫지(Charles Hodge)와 남장로교회의 대표적인 신학자 헨리 쏘넬(J. Henley Thornwell)간에 장로직에 대한 열띤 논쟁이 여러 해 동안 걸쳐 있었다. 핫지는 목사와 장로는 서로 다른 성경적 근거를 가진 직분이요, 장로교는 "소교구 감독제도"(parochial episcopacy)라고 하여 목사 중심의 교회 정치를 강조했고, 쏘넬은 목사와 장로 양자는 같은 지위에 속한 장로에서 기원했다는 근거에서 양자의 동권을 강조했다. 양 교회의 대표적 학자인 이들의 주장에 의해 양 교회에 상이한 직분관의 전통이 자리를 잡게 되었다. 참고 문헌: Charles Hodge, The Church and its Polity, London, 1879. James Henley Thornwell, Collected Writings, Vol. IV, Richmond 1873, 153

게 주장하는 동시에 이에 상응한 장로의 질적 향상을 위해 "장로들은 더욱 열심히 성경을 가르칠 재능을 계발하고 그렇게 할 모든 기회를 증진시켜야 한다"고 교회정치 조항 속에 넣었다.[35]

우리 나라 장로교회는 처음부터 미국 남·북장로교회 선교사들의 영향을 직접 크게 받았기 때문에 양 교회의 직분적 견해를 따르게 되었다. 그 결과 두 교회의 전통적인 견해가 교회정치에 용해되어 온 것이다. 교회정치(고신) 개정 이전의 것에서 장로의 두 반에 대해 말한 것은 분명히 남장로교회 직분관의 영향이었다. 그런데 1992년 개정하여 받은 교회정치(고신)에는 이런 표현이 삭제되고 "교회에 항존할 직원은 목사(말씀과 치리에 봉사하는 장로)와 교인의 대표자인 장로와 집사"라고 했다.

여기 괄호 속에 목사도 장로라는 것을 언급함으로써 장로와 같은 급임을 암시하고 있으나 장로는 "교인의 대표자"라고 함으로써 장로의 직분적인 성격을 상당히 약화시키고 있다. 미국 장로교회들도 한때 장로에게 교인의 대표자라는 표현을 썼었다. 이런 표현은 웨스트민스터 교회정치 원본에는 없었다. 그런데 장로교가 미국에 이식된 후 미국 장로교회에서 삽입한 것이었다. 이것은 새 대륙인 미국의 민주적 문화환경과 회중교회(독립교회)로부터 온 영향이었다고 생각된다. 회중교회는 초기 미국 장로교회의 정치와 생활에 큰 영향을 끼쳤다. 그런데 지난 20세기말 미 정통

---

35 Op.c. 8-9

장로교회와 미 장로교회가 교회의 정치를 개정한 후에는 어느 쪽에서도 이런 표현이 더 이상 발견되지 않고 있다. 이런 표현이 교회의 직분을 정의하는 수식어로는 합당하지 않다고 판단한 것으로 이해된다. 이런 표현은 주께서 직분자로 불러 세우신다는 사실을 약화시키는 결과를 초래하기 때문이다. 장로를 위시한 모든 직분자들을 불러 세우시는 분은 교회의 주 예수 그리스도이시다. 장로가 교인 중에서 교인들에 의해 선택을 받지만 이런 방편을 통해 부르신 이는 그리스도이시다. 그 결과 장로가 그의 직분적 사명과 권한을 받은 것은 교인으로부터가 아니고 교회의 주 예수 그리스도로부터이다.

그러므로 장로를 "교인들의 대표자"라고 표현한 것은 성경적 직분을 바로 이해했다고 보기 어렵다. 나아가 장로를 "교인의 대표자"라고 보는 것은 목사와 대립적인 입장으로 보게 할 우려가 있다. 장로는 "교인들의 대표자"이니 텃세를 할 수 있는 교회의 주인이요, 목사는 외부로부터 고용된 일꾼이라는 그릇된 생각이 저변에 자리 잡을 수도 있는 것이다.

다스리는 장로가 "교인들의 대표자"라는 표현은 교회가 민주주의 제도 가운데 있다는 인상을 줄 수도 있다. 일찍부터 교회가 민주주의의 근원지인 것처럼 여겨지기도 했다. 그러나 교회정치는 결코 민주주의 정치가 아니다. 민주주의는 다수의 의견이 옳고 진리라는 생각을 하게 만든다. 그러나 교회에서는 다수의 의견이 언제나 옳고 진리일 수 없다. 교회에서는 그리스도가 왕이요, 그의 말씀만이 절대적인 진리요, 법이다. 그래서 교회정치는 민주주의가 아니고 그리스도의 왕정인 것이다.

일반적으로 한국교회는 교회의 정치체제와 직분에 관하여 성경을 연구하고 성경적인 근거를 갖는데 매우 취약하다. 교회의 정치를 수정하기 위해서는 장로교회 직분에 관한 역사적인 맥을 살피고 성경에서 근거를 찾기 위한 노력을 해야 한다. 우리 교회가 1992년에 수정해서 받은 교회정치는 개혁주의 교회정치와 직분과 그 동안 교회 직분에 대한 주경적 이해가 반영된 흔적이 거의 없고, 실용적인 면에서 새로 정리한 것 이상이 되지 못했다.

오늘날 신학적으로 보수 노선을 걷는 개혁주의 교회들(장로교회, 개혁교회)은 성경에 있는 직분을 심도 있게 연구하고, 그 기반 위에서 목사와 장로간의 거리를 좁히며, 상호 동등권을 분명하게 주장하기 위해 노력하고 있다. 바로 앞에서 예를 든 미 정통장로교회(OPC)와 미 장로교회(PCA)의 교회정치에서 잘 드러나고 있는 사실이다. 이 교회들은 성경을 근거로 장로와 목사의 동등권을 강조함으로 자유주의 교회들이 교회일치를 목적하고 감독정치체제에 신축성을 보이고 있는 것과는 크게 대조가 된다.

오늘날 한국 교회에 목사와 장로 사이에 알력이 심하다는 말이 많이 들린다. 이것은 성경적 직분에 대한 교육과 이해가 부족한 데서 비롯된다. 목사가 장로보다 높다는 견해가 상당히 힘을 얻고 있는 곳이 한국 장로교회이다. 노회에서 목사들이 장로 시취를 위한 면담을 하면서 "교회의 주인이 누구냐?"고 묻는다는 말이 들린 적도 있다. 이런 잘못된 이해 때문에 목사와 장로 사이에 갈등이 쉽게 생긴다. 목사와 장로는 기본적으로 같은 장로로서 그 권위와 지위는 같고 맡은 역할에서 서로 구별이 있을 뿐이다. 이처럼 '가르치는 장로'와 '다스리는 장로'에 대해 바른 이해가 있을 때 양자는 교회를 위한 동역자로서 아름다운 협력과 조화를 이루어 갈 수 있을 것이다.

교회 직분과 관련하여 상하의 위계를 생각하거나 말하는 것이 성경적이 아니다. 주 예수님은 "너희 선생은 하나요 너희는 다 형제니라"고 하셨다(마23:8). 개혁교회는 장로교회보다 더욱 강하게 교회 내 교권을 경계하고 직분자들의 동등권을 주장한다. 목사와 장로는 같은 성경적 기반을 가진 장로라는 것 외에 그리스도 중심의 직분관을 강조함으로써 동등권을 주장하는 것이다. 모든 교회 직분의 기원을 교회의 유일한 머리와 최고 통치자가 되시는 그리스도 안에서 발견하게 된다. 교회의 어떤 직분자도 자기 자신 속에 권위의 원천이 있는 것이 아니다. 교회 직분자가 가진 모든 권위는 그리스도에 의해 주어지고 그를 위해 사용하도록 위임된 것이다. 그리스도께서 교회의 큰 선지자요, 영원한 왕이시며 유일한 대제사장이시다.[36] 그리스도께서는 어떤 사람을 목사로 불러 그의 선지자 직분을 수종들게 하고, 또 어떤 사람은 다스리는 장로로 세워 그의 왕직을 받들게 하며, 또 어떤 사람은 집

---

36 I. van Dellen and M. Monsma, The Revised Church Order Commentary, Zondervan, 1967, pp.23-25 참조

사로 불러 그의 자비로운 대제사장직을 봉사하게 한다는 것이다.[37] 그리스도의 삼직 중 어느 하나가 다른 것보다 높다고 생각할 수 없는 것처럼 그의 직분을 위임 받아 봉사하는 직분자들끼리 높고 낮다는 이야기를 할 수 없는 것이다. 교회의 모든 직분자들은 그리스도만을 머리와 주로 모시고 같은 종의 위치에서 봉사할 따름이다. 목사와 장로가 가르치는 장로와 다스리는 장로로 동등한 위치에서 서로 존경하며 함께 봉사할 때 아름다운 조화를 이루게 되며 교회에 평강이 임할 것이다.

---

37 H. Bavinck, Gereformeerde Dogmatiek, IV. P.371

장로와 감독 05 Chapter

제5장

장로와 감독

　목사와 장로가 기본적으로 장로라는 근거는 성경에서 감독과 장로가 원래 같은 직분을 가리키는 동의어로 쓰였다는 사실에 있다. 일반적으로 유대인들 교회에서 부르는 '장로' 라는 직분에 대해 이방인들(주로 희랍인들)의 교회에서는 감독이라고 불렀다. 장로라는 말은 구약시대부터 유대인들 집단에서 직분을 가리키는 말로 사용되어 왔으며 성숙, 권위, 존경과 지혜를 강조하는 그들의 전통에서 비롯되었다. 감독은 희랍인들 사회에서 지도적인 위치에서 감독하고 돌보는 직분자들을 가리키는 말로 사용되어 왔다. 그 결과 성경에 나타난 감독과 장로의 칭호는 같은 직분을 가리키는 동의어이다.
　이에 대해서 성경이 분명하게 증거하고 있다. 사도행전 20장과 디도서 1장에서 이 두 칭호가 서로 바뀌어가며 쓰여지고 있는 것이다. 행20:17에서 바울이 밀레도에서 에베소의 "장로들"을 청했다고 해놓고, 막상 이들이 왔을 때 행한 이별사 중 28절에는 성령이 저들 가운데 "너희를 감독자"로 삼았다고 말한다. 에베소 교회의 장로들은 곧 감독이었던 것이다. 그리고 디도서 1장에서는 바울이 그레데에 머물고 있는 동역자 디도에게 편지하면서 그를 그곳에 떨어뜨려 둔 이유는 "각 성에 장로들"을 세우게 하려는데 있다고 하면서(1:5), 이 장로들의 자격에 관하여 말하면서 "감독"이라는 말로 바꾸고 있다(1:7). 그래서 장로와 감독이라는 말은 교회에서 서로 바꿔 가며 쓰여진 같은 직분을 가리킨다는 사실을 알 수 있다.

나아가 딤전 3장과 빌립보서 1장에서도 장로와 감독은 같은 직분을 가리키는 말로 서로 상황에 따라 바꿔 가며 쓰여지고 있다. 바울은 딤전3:1, 2에서 디도서1:7에서와 같이 같은 장로의 자격에 관하여 말하면서 감독이라는 말을 사용한다. 그러나 딤전 5장에서는 감독이라는 말 대신 장로라는 말을 사용하고 있다. 딤전 5:17에서 "잘 다스리는 장로들을 배나 존경할 자로 알되 말씀과 가르침에 수고하는 자들에게 더 할 것이니라"고 한다. 그리고 19절에서는 "장로들에 대한 송사는 두세 증인이 없으면 받지 말 것"이라고 함으로써 장로의 권징에 대하여는 신중해야 할 것을 말하고 있다. 어떤 경우에는 감독이라는 칭호보다 권위와 존경을 상징하는 장로라는 말이 더 적합했던 것이다. 결국 그때 그때의 상황에 따라 장로와 감독이란 말이 바뀌어 가며 사용된 사실을 알 수 있다.

빌립보서에서는 '감독들'이란 말만 쓰여지고, 장로라는 말은 사용되지 않고 있다. 바울은 편지 서두에 "빌립보에 사는 모든 성도와 또는 감독들과 집사들에게 편지"한다고 한다(1:1). 여기서 장로들이라는 말을 쓰지 않고 '감독들'이란 말을 쓴 것은 이 교회가 이방지역에 있었고, 주로 희랍 교인들로 이루어졌다는 사실을 주목할 필요가 있다. 그래서 장로대신 희랍인들이 사용하는 감독이란 칭호를 선호한 것이다. 이 편지는 바울이 로마에 감금되어 있으면서(주후 60-62) 보낸 것인데, 당시 빌립보 교회는 이미 10년 이상의 역사를 가졌을 뿐만 아니라 장로들과 집사들이 세워져 있었던 것이다. 바울이 이 편지를 쓴지 약 50년 후에 사도 요한의 제자인 폴리캅(Polycarp, 주후 69-155)이 서머나 교회에 봉사하면서 빌립보에 편지를 보냈다. 그는 이 편지에서도 감독들과 집사들에 대해 언급했다. 당시 빌립보 교회에 두 가지 직분이 있었음을 알려주는 것이다.[38] 이들 편지에서 언급한 감독들은 곧 장로들이었던 것이다. 빌립보 교회에도 에베소 교회와 꼭 같이 감독들과 집사들이 있었다(딤전3:1-13, 5:17, 19 비교).

여기서 "감독들과 집사들"이라며 복수를 사용한 점이 눈길을 끈다. 성경에서 '감독'은 목사만 뜻한다고 말하기도 하고, 감독

---

38 Policarp, 빌립보에 있는 하나님의 교회에, 115

주의자들은 어떤 지역을 관할하는 가장 높은 직분자가 감독이라고 주장하기도 하는데, 이 같은 견해가 다 잘못됐다는 것을 이 말씀은 보여 준다. 빌립보 교회에 다스리는 장로들 없이 목사들만 여러 명 있었고, 같은 교회에 지방교회를 감독하는 높은 직분자들이 여러 명 있었다는 것은 생각하기 어려운 일이기 때문이다.

초대 교회는 점차 안정되어 가면서 같은 장로들 간에 직분의 분화가 자연스럽게 이뤄졌다. 처음에 장로들에게 주어진 사명은 교회를 감독하고 다스리는 것이었다. 그런데 교회가 성장하면서 수적으로도 증가하게 되자 "모세의 법대로 할례도 받지 아니하면 구원을 얻지 못한다"고 가르치는 자들이 생겼고(행15:1), '다른 복음'을 전하는 거짓 스승(이리)들마저 나타나(갈1:6; 행20:29 참조), 교회는 사도적인 참된 복음을 파수하고 전하는 일에 전무할 장로들을 필요로 하게 되었다. 따라서 교회는 장로들 중에 특별히 말씀을 전하고 가르치는 은사를 받은 자들을 구별하여 세우고 생활비를 제공하며 이 일에만 전념하게 했다. 바울은 이들을 가리켜 '말씀과 가르침에 수고하는 장로' 들, 혹은 '목사와 교사' 라고 부르며 '다스리는 장로들' 과 구별하게 했다(딤전5:17, 18; 엡4:11).

그런데 사도시대가 끝나고 교부시대에 들어가면서 감독과 장로란 칭호에 대해 변화가 일어났다. 신약에서 같은 직분을 가리켰던 '장로' 와 '감독' 이란 말이 전혀 서로 다른 직분을 의미하게 된 것이다. '감독과 장로들의 회'라는 말이 사용되었는데, 이제 "말씀과 가르침에 수고하는 장로"에게만 '감독'이라는 칭호가 적용되고, "다스리는 장로들"은 이 감독을 돕는 보조자들로 강등되어 버렸다. 이는 교구감독제(parochial episcopacy)가 도입됐다는 것을 의미했다.

이 같이 변질된 교회 직분은 3~4세기에 이르러 완전히 자리를 잡게 되었다. 4세기에 활동했던 성경원어의 대가 제롬(Jerome Hyeronimus, 348-420)은 그의 시대에 정착된 교권제도의 전통을 거스려 감독들과 장로들은 같은 직분이라는 것을 담대하게 주장했다.

"장로와 감독은 동일하다… 초대교회는 장로들의 연합된 회의에 의해 다스려졌다… 감독과 장로가 같다는 것이 성경의 증거가 없는 우리들의 의견이라고 생각한다면 사도들이 빌립보에 보낸 서신을 다시 연구해 보라… 빌립보는 마케도니아의 유일한 도시이다. 한 도시 안에 여러 감독이 있을 수 없었다. 그 시대에 같은 사람들이 감독이나 장로로 불렸던 것이다."[39]

오늘날 개혁주의 보수신학을 파수하고 사도적 교회의 직분체제를 따라 개혁하고자 하는 교회들은 성경의 진전된 주해를 근거로 감독과 장로는 같은 직분을 뜻하는 동의어라는 의견에 일치하고 있다. 그리고 이를 그들의 교회정치에 반영하고 있다.

---

39 The faith of the Early Fathers, ed. And trans. W. A. Jurtgens, 3 vols. Collegeville: The Liturgical Press, 1970, 2:194

이미 언급한 미 정통장로교회(OPC)와 미 장로교회(PCA)가 그러하다. 미 정통장로교회는 교회정치의 직분을 다루는 장에서 교회에 말씀의 봉사, 다스리는 봉사, 자비의 봉사를 위한 세 가지 항존직(곧, 목사 · 장로 · 집사)이 있다는 것을 밝힌 후 "교회를 다스리는 일에 참여하는 자들이 장로(presbyters), 감독(bishops), 혹은 교회를 다르리는 자들(church governors)로 불린다"고 기록하고 있다. 이것은 곧 장로와 감독은 같은 직분을 뜻하는 동의어라는 사실을 말하는 것이다.[40]

그리고 미 장로교회(PCA)의 교회정치에는 훨씬 더 구체적으로 감독과 장로가 같은 직분을 가리키는 동의어라고 설명하고 있다. 미장로교회의 교회정치에는 장로(The Elder)라는 제목의 장에서 '가르치는 장로'와 '다스리는 장로'를 함께 다룬다. 그 부분의 총괄적인 서문에서 이렇게 언급하고 있다; "이 직분(장로)은 존엄하고 유용한 직분이다. 이 직분을 수행하는 자는 성경에 여러가지 의무를 나타내는 다른 칭호들을 가진다. 그는 그리스도의 양무리를 감독하기 때문에 감독 혹은 목사(pastor)라 불린다. 신중하여 양무리의 본이 되고 하나님의 집과 나라에서 잘 다스리는 것이 의무이기 때문에 그는 장로(presbyters or elders)라 불려진다. 그는 하나님의 말씀을 해설하고, 부인하는 자들을 건전한 교리로 권고하고 확신케 하기 때문에 교사라 불린다. 이 칭호들은 직분

---

40 Op.c. Chapter V OFFICE IN THE CHURCH, 3

의 위계가 다르다는 것을 뜻하지 않으며 모두 하나의 같은 직분을 가리킨다."[41] 부연설명을 하자면 미 장로교회는 신약에 나오는 감독·목사·장로·교사 등의 모든 호칭이 같은 장로직을 가리킨다는 것이다. 이 교회의 교회정치에 대해 자세하게 해설하고 있는 저자는 이 교회의 직분관이 성경을 깊이 연구한 결과로 온 것임을 말하고 있다.[42]

이에 비해 한국 장로교회는 수정했다고 하는 교회정치에 별다른 변화를 찾아보기 어렵다. 목사를 다루는 장에 감독, 목자, 장로, 사자, 사신 등 모든 칭호를 목사로 설명하고 있다.[43] 장로를 다룬 장에서는 '장로의 기원'이라는 제목 아래 "율법시대에 장로가 있었음과 같이 복음시대에도 목사와 협력하여 교회에 치리하는 자를 선정하였으니 곧 치리 장로이다"라고 한다.[44] 수정하기 전의 본문과 다를 바가 전혀 없다. 목사직을 설명하는 데는 아홉 가지를 들면서 장로에 대한 신약적 근거에 대해서는 거의 설명이 없다. 성경이 장로를 감독으로 호칭하고 있다는 언급도 없다. 이런 상황이다 보니 장로의 의무에 대한 중요성이 충분히 강조될 리 없고 성경적인 장로상을 이야기하며 질적 향상을 꾀하기도 어렵다.

---

41 Op.c. Chapter 8 Elder, 8-1
42 Morton H. Smith, Commentary On the Book Of Church Order of the Presbyterian Church in America, Southern Presbyterian Press, 2004, p.65
43 Ibid., 제 5장 목사 제 31조 목사의 의의 참조
44 Ibid., 제 6장 장로 제 44조 장로직의 기원

더욱이 장로의 의무를 언급하는 조항 중에 "목회에 필요한 제반 사항을 목사에게 알리는 일"이라고 하는 항목이 있다. 물론 이런 일은 장로가 한다. 그러나 이런 언급만으로는 장로를 목사의 조사 역할을 하는 자로 오해하게 만들 우려가 있다.

한국 교회는 더욱 성경에 계시된 직분을 연구하여 한층 더 성경에 기반을 둔 직분관과 교회정치를 재정립할 필요가 있다. 오늘날 보수적인 개혁주의 교회들은 신약성경에 나타난 감독과 장로는 다 같은 직분을 가리키는 동의어라는 의견에 일치한다. 목사와 장로는 서로 위계적인 관계로 보는 직분관을 멀리 하면서 아름다운 협력관계를 이루어 가는 모습을 볼 수 있다.

장로의 의무

06
Chapter

제6장

장로의 의무

많은 사람들이 장로들의 의무는 교회의 정책을 수립하고, 재정을 관리하며, 행정을 하는 것이라고 생각한다. 그래서 교인들에 대한 목자적 지도를 한다는 것은 목사(가르치는 장로)에게만 주어진 의무로만 생각고 장로의 의무는 아니라고 보는 경향이 있다. 이는 크게 잘못 되었다. 교회에서 목자적 지도는 장로와 목사에게 기본적인 의무로서 꼭같이 지워져 있다. 단지 목사는 가르치는 일과 목자적 지도에 전적으로 헌신한다면, 장로들은 세상에서 다양한 자신의 생업에 종사하면서 목사와 협력하여 목자적 봉사를 한다. 그 점에서 서로 차이가 있을 뿐이다.

신약의 가르침에 따르면 장로는 본질적으로 목사와 같은 목자적 의무를 지고 있다. 성경에서 장로의 의무에 대한 안내서라고 할 수 있는 부분은 사도 바울이 에베소 교회 장로들에게 행한 이별사에서 찾을 수 있다. 바울은 에베소 장로들에게 "너희는 자기를 위하여 또는 온 양떼를 위하여 삼가라 성령이 저들 가운데 너희로 감독자를 삼고 하나님이 자기 피로 사신 교회를 치게 하셨느니라"고 했다(행20:28-36). 장로는 양떼를 치고 감독하는 자라고 하고 있는 것이다.

그리고 바울은 "성령이 저들 가운데 너희로 감독자를 삼았다"(28절)고 함으로써 장로를 세우신 분은 성령 하나님이라고 한다. 이것은 장로가 누구의 뜻을 따라 봉사할 것인가를 가르쳐 주는 대목이다. 다시 말해 장로들에 대한 직분적 권위의 원천이 누구에게 있는지를 알려주고 있는 것이다. 장로들을 투표로 선택하는 교회의 성도들이 그 직분적 권위의 원천은 아니다. 성도들은 단지 성령께서 어떤 사람을 장로로 불러 세우시기 위한 방편으로 사용될 뿐이다. 성도들이 선택할지라도 장로들을 세우시는 분은 성령 하나님이다. 그러므로 장로는 성도들 앞에서가 아니라 주 하나님 앞에서 직분을 수행하는데 대한 책임감을 느껴야 한다.

교회정치는 민주정치가 아니고 신정정치이다. 장로는 교회 성도들의 여론을 중하게 여겨야 하지만 거기 매이지 않아야 한다. 그를 불러 세워주신 성령 하나님의 뜻이 어디 있는지를 살피고 따라야 한다. 그리고 장로는 교인들의 대표와 대변자로 말하고 행동할 것이 아니라, 직분자로 불러 주신 주의 이름으로 언제나 말하고 행동해야만 한다.

성경은 하나님의 백성들을 인도하는 지도자들의 사역을 언급할 때는 주로 목자상을 사용하고 있다. 에스겔 34장은 하나님의 백성을 "내 양의 무리"라고 하면서 그 지도자들을 "목자들"이라고 부르고 있다(2, 7, 31). 주 예수님이 이 세상에 오셔서 스스로 "나는 선한 목자"라 하시고, 그의 백성인 양들을 위해 목숨을 버리기 까지 하심으로 선한 목자의 본을 보여 주셨다(요10:11). 그리고 그의 제자들을 그의 양을 치는 목자로 세우시고 "내 양을 먹이라", "내양을 치라"고 하셨다(요21:16-17). 주 예수님의 제자들은 모두 주의 양무리를 치는 목자로 봉사했다. 양을 친다는 것은 양을 보호하고, 인도하고, 먹이고, 돌본다는 뜻을 포함하고 있다. 그러므로 양을 치는 일은 목사들만 하는 봉사가 아니라, 모든 교회 직분자들이 해야 하는 봉사를 가리키는 것이다. 장로들은 하나님의 백성인 양무리를 돌보는 목자이다. 그래서 베드로는 "너희 장로들에게 이르노니... 너희 중에 있는 하나님의 양무리를 치되 부득이 함으로 하지 말고"라고 한다(벧전5:1, 2). 바울도 에베소 교회 장로들에게 자기들을 불러 세워 감독자로 삼은 것은 교회(양떼)를 치기 위한 것이라고 했다(행20:28).

그러므로 장로는 교회에서 목자로서의 의무를 지고 있다. 장로는 기본적으로 목사와 같이 양떼를 치는 의무를 지고 있는 것이다. 성경은 장로들에게 그들 스스로에 대한 의무와 양떼를 향한 의무를 다음과 같이 가르친다.

1. 자신에 대한 장로의 의무(행20:28-35; 벧전5:1-4)

1) 장로는 자신의 생활 속에서 항상 깨어 있어야 한다(행 20:28).

바울은 에베소 장로들에게 "너희는 자기를 위하여 온 양떼를 위하여 삼가라"고 했다(행20:28). 여기 "삼가라(take heed)"는 말은 매일 삶 가운데서 조심하고 깨어 있어야 할 것을 의미한다. 장로가 깨어서 자신을 지키지 못하면 양떼를 지킬 수 없다. 사탄은 목자를 넘어뜨리면 쉽게 모든 양무리도 차지할 수 있다고 생각한다. 장로와 목사가 실족하고 범죄하게 될 때는 자신만이 넘어지는 것이 아니라, 온 교회에 큰 해를 초래한다. 그러므로 장로는 매일 기도하고, 성경을 살펴보아 스스로 깨어 있어야 한다.

2) 장로는 교리적으로 깨어 있어야 한다(행20:27, 28).

바울이 에베소 장로들에게 "삼가라"고 하며 깨어 있으라고 말한 것은 생활뿐 아니라, 그가 전한 진리를 마음에 두고 한 경고였다. 그는 "내가 꺼리지 않고 하나님의 뜻을 너희에게 다 전하였음이라"(행20:27)고 했다. 그래서 "삼가라"는 말 속에는 거짓 교리를 경계하라는 뜻이 담겨 있다. 바울은 앞으로 거짓 스승이 교회 안팎에서 일어날 것을 내다 보고 경고한 것이다(행20:29, 30). 주님께서도 일찍이 "거짓 선지자를 삼가라"고 하셨다(마7:15). 지도자인 장로들에게 요구되는 것은 거짓 교리에 대하여 끊임 없이 깨어 있는 것이다. 장로가 진리 안에서 사는 최선의 길은 성경을 연구하고 기도하는 일을 계속하는 것이다. 장로는 "주의 말씀의 맛이 내게 어찌 그리 단지요 내 입에 꿀보다 더하니이다"라고 한 시편 기자처럼 말씀을 즐기며 사는 생활을 해야 한다(시119:103).

나아가, 장로는 신앙고백의 내용을 통해 교리적으로 자신이 어디 서 있는지 늘 살펴야 한다. 교회의 신앙고백서는 영감으로 기록된 하나님의 말씀의 진리를 조직적으로 요약해 놓은 것이다. 장로교회는 웨스트민스터 신앙고백서와 대소교리문답을 교회의 공적인 신앙고백으로 받아들이고 있다. 장로교회는 이 교리적 표준서를 기치로 내걸고 "우리는 이 고백서에 담긴 내용이 성경에 계시된 구원의 진리를 요약해 놓은 것으로 믿는다"고 선언하는 것이다. 장로는 임직 받을 때 하나님과 교회 회중 앞에서 "본 장로회 교리표준인 신앙고백서, 대교리문답과 소교리문답은 구약과 신약성경에서 교훈한 교리를 총괄한 것으로 알고 성실히 마음으로 믿고 따르겠다"고 서약한다. 그러므로 장로는 이 신앙고백서의 내용에 익숙해야 한다. 신앙고백에 대한 지식은 여러 책들을 읽을 때에 알곡과 쭉정이를 가려낼 수 있게 한다. 뿐만 아니라 신학자의 글을 읽더라도 옳고 그름을 구별할 수 있게 하고, 목사의 설교에서도 바른 것과 바르지 못한 것을 판단할 수 있게 만드는 것이다. 장로는 성경뿐 아니라 신앙고백의 내용이 밝히는 진리에 대하여 민감해야 하고, 깨어 있어야 한다.

3) 장로는 자원함으로 봉사해야 한다(벧전5:2).

사도 베드로도 사도 바울처럼 장로들을 양무리를 치는 자들로 보았다. 그는 특별히 디베랴 바닷가에서 주 예수님이 그에게 "내 양을 치라"고 하셨던 말씀을 가슴 깊이 간직하고 교회 지도자들에 대해 주의 양을 치는 자들이라고 확신했던 것이다(요21:15-17). 그는 로마제국 동쪽 5개 지역 교회에서 봉사하는 장로들에게 양무리를 어떻게 칠 것인지를 말하였다. 그가 준 교훈은 바울이 에베소 교회 장로들에게 행한 이별사를 생각나게 한다. 베드로도 이 편지를 보낸 후 얼마 있지 않아 순교한 것으로 전해지고 있기 때문이다(주후 63년 경).

사도 베드로는 장로들에게 교회의 일을 "부득이 함으로 하지 말고 오직 하나님의 뜻을 좇아 자원함으로" 하라고 했다(벧전 5:2). 하나님은 억지로 그의 백성을 돌보는 종을 원하지 않으신다. 그래서 베드로는 "부득이 함으로 하지 말라"고 했다. 부득이 하는 것은 억지로 하는 것을 의미한다. 아내나 친구의 강요로, 혹은 목사나 장로의 권고 때문에 장로가 되어 봉사한다면 "부득이 함으로" 하는 것이 된다. 장로는 강제 징집된 군사처럼 억지로 할 것이 아니고, 자원입대한 의용군처럼 기쁨으로 봉사해야 한다. 하나님은 "즐겨 내는 자를 사랑"하시는 것처럼(고후9:7), 자기의 뜻을 따라 자원함으로 봉사하는 장로를 사랑하신다.

4) 장로는 더러운 이를 위해 하지 않아야 한다(벧전5:2).

사도 베드로는 "더러운 이를 위하여 하지 말고 오직 즐거운 뜻으로" 하라고 했다(벧전5:2). 장로는 삯꾼의 정신으로 봉사하지 않아야 한다는 것이다. 여기 "오직 즐거운 뜻으로"라는 말은 앞서 "자원함으로"라는 말보다 훨씬 강한 뜻으로 "강렬한 욕망을 가지고"라는 뜻이 담겨 있다. 장로는 언제나 깨어 있어 속된 명예나 인기나 어떤 이권을 위해서가 아니라, 감사와 큰 기쁨을 가지고 봉사해야 한다.

바울이 디도에게 장로의 자격에 대해 "더러운 이를 탐하지 아니하며"라고 했다(딛1:7). 사람은 물질에 매우 약하다. 장로나 목사가 물질 문제로 비난을 받게 된다면 이 보다 더 불명예로운 것이 없다. 현실적으로 교회에서 장로들 중에 건축과 선교헌금 등을 취급하다가 자기 사업이나 이권을 위해 이용함으로써 문제가 종종 일어나곤 한다. 특별히 목사들 중에서도 물질 때문에 문제를 일으켜 비난을 사는 일을 가끔 보게 된다. 이것은 모두 탐욕 때문이다. 목사는 가능하면 교회에서 금전을 취급하지 않는 것이 좋다.

물질에 대한 시험이 언제든 누구에게나 크기 때문에 바울은 에베소 교회 장로들에게 이별사를 하면서 마지막으로 장로들의 탐욕에 대해 경고했다. 그는 "내가 아무의 은이나 금이나 의복을 탐내지 아니하였다"라고 했다(행20:33-35). 그는 "이 손으로 나와 내 동행들의 쓰는 것을 당하여 범사에 너희에게 모본을 보였다"라고 하면서 나아가 "수고하여 약한 사람을 도왔다"고 덧붙였다. 신약교회 건설 초기 바울은 물질로부터 자신을 깨끗하게 지킴으로써 미래의 교회 봉사자들인 장로와 목사들에게 아름다운 본을 보여주었던 것이다.

장로는 물질과 돈에 대해 탐욕을 갖지 말아야 하며, 열심히 일하여 자기 가정에 쓸 것을 대고, 약하고 가난한 사람들을 도울 줄 알아야 한다. 장로의 생활은 근면하고, 너그러운 마음을 가지고 다른 사람을 도와줌으로써 아름다운 삶을 드러내어야 한다(엡 4:28 참고).

5) 장로는 주장하는 자세를 버려야 한다(벧전5:3).

베드로는 장로들에게 "맡기운 자들에게 주장하는 자세를 취하지 말고"라고 한다(벧전5:3). 이것은 장로가 세상에서 하듯이 권세를 바라서도 안 되고 그것을 남용해서도 안 된다는 말이다.

베드로는 사도였음에도 자신을 여러 지역의 장로들 보다 위에 있다고 생각하지 않고 "나는 함께 장로된 자"라며 겸손한 태도를 취했다. 그가 오순절에 행한 설교를 통해 예루살렘에 큰 규모의 첫 신약교회가 탄생했다. 열한 명의 다른 동료 사도들과 장로들과 함께 그는 동역자로서 교회를 위해 봉사했다. 당시 사도들은 장로로 불려지지는 않았지만 이제 세워진 예루살렘 교회에서 장로직 역할을 다른 장로들과 함께 수행했던 것이다. 그러니 그는 현재 교회에 복음을 증거하는 종의 입장에 있으면서 교회 장로들을 향하여 "함께 장로된 자(fellow elder)"라고 말할 수 있었다. 여기서 그는 주장하는 자세가 아닌 겸손히 섬기는 교회 직분자의 아름다운 자세를 보이고 있는 것이다.

오늘날 직분을 권력으로 생각하고 임직을 받아서 권세를 부리기를 좋아하는 세상의 풍조가 교회에 침투해 오고 있다. 교권이 교회 지도자들에게 종종 시험거리가 되곤 한다. 옛날 이스라엘 백성의 지도자들에게도 이런 풍조가 있어서 에스겔은 이렇게 경고했다.

"너희가 연약한 자를 강하게 하지 아니하고.... 다만 강포로 그것들을 다스렸도다"(겔34:4).

주 예수님은 권위를 가지고 행세하는 것은 이방인에게 속한 일이라고 하시고 그리스도인들의 세계에서 "으뜸이 되고자 하는 자는 모든 사람에게 종이 되어야 하리라"고 하셨다(막10:42-45). 사도 요한은 "으뜸 되기를 좋아하는 디오드레베"를 정죄했다(요3서 9, 10).

장로는 결코 교인들에게 통치자처럼 행세해서는 안된다. 같은 장로들(당회) 세계에서도 으뜸이 되려고 해서는 안된다. 종종 한국 교회에서 당회 내에 장로들의 서열이 문제될 때가 있다. 먼저 장로로 임직되었다는 이유로 선임장로, 혹은 수장로라고 부르는 경향이 있다. 스스로 '수장로'라고 소개하기도 한다. 한국의 예절문화상 선임자를 예우하는 것은 이해할 수 있다. 그러나 예우는 주변에서 해 주는 것이지 스스로 예우를 받으려 해서는 안된다. 먼저 장로가 되었거나 뒤에 장로가 되었거나 주님께로부터 받은 직분의 가치와 권위는 동일한 것이다.

6) 장로는 양무리의 본이 되어야 한다(벧전5:3).

베드로는 장로들에게 "오직 양무리의 본이 되라"고 했다(벧전5:3). 장로는 그리스도의 종으로 그를 본 받아 겸손으로 옷을 입어야 한다. 교회 안에는 한 분의 주 예수 그리스도가 계시고, 모든 사람은 그의 종들이란 사실을 알아야 한다. 베드로가 특별히 "오직 양무리의 본이 되라"고 한 것은 주장하는 자세로 권위를 행세하는 자에 반해서 한 말이었다. 장로는 겸손하게 봉사함으로 양무리의 본이 되어야 한다. 누구에게 권위를 가지고 명령하여 무엇을 하게 하기 보다는 스스로 겸손히 행함으로 본을 보여 행하도록 해야 한다.

장로는 양무리의 목자이다. 옛 목자들은 양무리를 뒤에서 몰지 않고, 앞장서 걸으면서 양무리가 따라 오게 했다. 예수 그리스도는 모든 장로들이 따라야 할 목자장이다(벧전5:4). 장로들은 예수 그리스도의 겸손, 사랑, 헌신을 통해 양무리들에게 본이 되어야 한다. 장로들은 이를 위해 항상 자기를 살피고 깨어 있어야 한다.

2. 양떼를 향한 장로의 의무(행20:28-35)

1) 장로는 양떼를 거짓 스승으로부터 보호해야 한다(행20:29).

사도 바울은 장로를 감독이라고 불렀다. 감독이라는 말은 보호자라는 뜻을 가지고 있다(행20:28; 빌1:1 ; 딛1:7). 감독은 살피고 보호하는 일을 말한다. 양은 스스로 방어할 능력이 없는 약하고 유순한 동물이다. 그러므로 누가 돌보거나 보호해 주지 않으면 양은 언제나 위험하다. 성경은 목자 없는 양들의 비참한 상태를 자주 언급하고 있다(민27:7; 슥10:2). 성경은 성도들(교회)을 양떼라고 부른다. 장로는 양떼의 감독으로 양 우리 안팎에서 닥쳐올지도 모를 위험을 항상 살피고 보호해야 한다. 잠23:27은 "네 양떼의 형편을 부지런히 살피라"고 한다.

양떼인 그리스도인들에게 가장 위험한 적은 거짓 스승이다. 사도 바울이 에베소 장로들에게 한 이별사의 핵심은 "흉악한 이리"를 경계하고 양떼의 보호를 부탁하는데 있었다. 그는 "내가 떠난 후에 흉악한 이리가 너희에게 들어와서 그 양떼를 아끼지 아니할 것"이라고 하였다(행20:29). 바울은 거짓 스승을 "흉악한 이리"라고 불렀다. 이리란 양떼에게 가장 무서운 원수로서 아낌없이 물어 뜯고 생명을 빼앗아가기 때문이다. 거짓 스승은 "흉악한 이리"와 같이 교활하고 잔인한 방법으로 교회에 무서운 해를 끼치는 존재라는 것이다.

　장로는 교회의 감독으로 거짓 스승으로부터 양떼를 보호해야 할 사명이 있다.

　바울은 거짓 스승이 교회 밖에서 들어올 뿐 아니라(행20:29), 교회 안에서도 일어날 것이라고 했다. 곧 그는 "너희 중에서도 제자들을 끌어 자기를 좇게 하려고 어그러진 말을 하는 사람들이 일어날 줄 아노니"라고 말했다(행20:30). 어그러진 말이란 복음의 진리를 어지럽히고 왜곡시키는 말이다. 거짓 스승은 언제나 하나님의 말씀의 진리를 전적으로 부인하지는 않는다. 그렇게 되면 그 본질이 바로 드러나 효과를 거둘 수 없기 때문이다. 그래서 거짓 스승은 진리를 전적으로 부정하지 않은 채 교묘한 말로 왜곡하고 속임으로써 자기 정체를 감춘다. 바울이 장로들에게 "일깨어 있으라"고 권고한 이유가 바로 여기 있다(31절).

　바울은 거짓 교리를 전하는 흉악한 이리를 결코 용인하지 않은 사도였다. 그는 "다른 복음을 전하는 자는 저주를 받을 찌어다"라고 선언했다(갈1:9). 그에게 있어서 거짓 스승은 "십자가의 원수들"이었다(빌3:18).

　장로는 거짓 스승으로부터 교회를 보호하는 것이 가장 큰 사명인 줄 알아야 한다. 장로는 이 사명을 위해 늘 깨어 있어야 한다. 장로가 이 사명을 수행하는 일은 쉽지 않다. 여러가지 시험을 극복할 수 있어야 하고, 때로는 격렬한 투쟁도 각오해야 한다. 장로가 거짓 스승을 이길 수 있는 방법은 어떤 권위나 조직의 힘으로가 아니고, 교회의 주 그리스도와 그의 은혜의 말씀에 의지하는 것이다(행20:32; 딤후3:16, 17).

장로는 먼저 교회 밖에서 오는 거짓 스승을 경계하고 교회를 보호해야 한다. 교회의 집회에 강사를 선택하고 청하는 일에 세심한 주의를 기울여야 한다. 한번 강단에서 전한 잘못된 가르침은 거둬들일 수 없을 뿐 아니라 교회에 큰 해를 끼치게 된다. 최근 교회의 연합과 일치라는 기치 아래 신학의 입장이 전혀 다른 교회들끼리 강단 교류를 한다는 말이 들린다. 이런 식의 교류는 결과적으로 교회를 세우기 보다는 허무는 일이 될 것이다.

한 가지 예를 들어 본다. 한국 장로교회(교파) 가운데는 여장로와 여목사 제도를 받아들인 교회들이 있다. 이들 교회에서는 성경이 기록된 그 시대의 문화적 산물이라는 자유주의 사상을 수용한다. 그래서 성경에 계시된 대로의 진리를 그대로 믿지 않는다. 성경은 가부장적 제도 아래서 기록된 문화의 산물이니 남녀의 종속관계나 역할의 구별에 대해 말하는 것은 오늘날의 진리로 받아들일 수 없다고 주장한다. 그런데 이런 신학을 수용하지 않는 교회가 이를 수용한 교파 교회의 목사와 강단 교류를 하게 되면 엄청난 파장을 초래할 수 있다. 설교를 통해 자신들의 교회가 도입한 여권 문제에 관하여 자랑스럽게 말하지 않으리라는 보장도 없다. 누군가에게 한번 허용된 강단은 그에게 주어진 자유로운 보좌라 할 수 있다. 당회(장로들의 회)는 강단 허용에 있어서 언제나 신중해야 한다. 강단의 건전성을 지킬 책임은 담임목사뿐 아니라 모든 장로들(당회)에게 있는 것이다.

나아가 장로는 교회 안에서 일어날 수 있는 거짓 스승으로부터도 교회를 보호할 의무가 있다. 실제로 장로는 임직된 교회의 감독으로서 잘못된 가르침으로부터 교회를 보호해야 할 큰 사명이 있는 것이다. 잘못된 가르침은 함께 장로된 동역자들로부터 올 수도 있고, 청소년 교육을 담당한 부교역자들이나, 심지어 담임목사로부터 올 수도 있다. 장로는 임직을 받은 자기 교회의 양 무리를 가르치고 인도하는 모든 동역자들을 오류로부터 보호할 의무가 있는 것이다. 1950년대에 갑자기 혜성처럼 나타나 한국교회에 말할 수 없이 큰 해를 끼친 거짓 선지자 박태선은 장로교회(남대문교회에서 장로로 임직, 그 뒤 창동교회)의 장로였다는 것이 잘 알려진 사실이다. 그는 처음에 그의 담임목사(김치선 박사)와 장로들의 신임과 지원을 받아 대 부흥사처럼 등장했다. 그러나 결과적으로 그들은 동역자 형제를 거짓 교리로부터 보호하지 못했다. 장로들은 서로를 살피고 서로를 오류로부터 보호할 사명을 가진다.

또한 장로는 담임목사를 오류로부터 보호할 의무가 있다. 목사도 다른 사람들과 꼭 같이 잘못될 수 있는 연약한 본성을 가지고 있기 때문이다. 자칫하면 시류를 따라 그릇된 신학을 수용하거나 잘못된 교리를 좇음으로 양떼를 그릇 인도할 수도 있는 것이다. 물론 장로가 의도적으로 목사의 결함을 찾으려 하거나 비판을 전제하고 설교를 들어서는 절대 안된다. 이것은 교회를 위한 그리스도의 종으로서의 태도가 전혀 아니다. 설교는 하나님의 말씀의 선포적 의미를 가지고 있기 때문에 누구나 겸허하게 은혜를 사모하는 마음으로 귀를 기울여야 한다. 그리고 설교의 내용이 자기 마음에 조금 들지 않는다고 해서 목사의 흠을 잡으려 해서도 안 된다. 단지 하나님의 말씀인 성경에 대한 주해가 전혀 잘못 되었거나 설교 내용이 장로교 신앙고백에 담긴 교리와 전적으로 어긋난다고 확신했을 때 겸허한 방법으로 문제를 제기하여 교정의 길을 찾아야 할 것이다. 잘못된 교리로부터 목사를 보호할 뿐 아니라 양무리를 지키기 위해서 마18장에 있는 대로 형제 사랑에 기반한 권징의 단계를 밟는 것이 바른 일이다. 이에 대한 동기와 목적은 언제나 교회의 지도자를 오류로부터 보호하고, 결과적으로 양떼를 잘못된 가르침으로부터 보호하는데 두어야 한다.

일반적으로 목사들은 장로나 교인들이 설교에 대해 찬사를 보내고 감사하는 말 이외에 다른 반응을 보이는데 대하여 매우 민감하다. 목사의 설교는 하나님의 말씀의 선포라는 정의를 고려할 때 찬양과 감사만 기대하는 것은 당연하다. 그러나 하나님의 말씀 선포의 사역을 맡은 목사도 오류를 범할 수 있는 사람이니까 언제나 무오한 선포자가 될 수는 없다. 아마도 한국교회의 목사들은 다른 어느 나라 목사들보다 설교에 대한 부정적인 반응에 민감한 것으로 보인다. 이런 정서가 교회정치의 장로 직책을 언급한 데서도 밝히 나타나고 있다. 성경이 가르친 장로의 제일 중요한 직책 중의 하나가 거짓 교회로부터 교회를 보호하는 것이지만 이에 대해서는 언급이 전혀 없다(행20:28-31). 설교에 대해 언급을 하면서 "교인들이 설교대로 신앙생활을 하는 여부를 살피는 일"이라고만 하고 있다.[45]

개혁교회에는 개교회의 당회마다 빈도는 다르지만 매년 몇 차례 당회의 회순에 설교토론(sermon discussion) 순서를 넣고 있다. 이때 목사에게는 어떤 돌발적인 말이나 비판이 나올지 조금은 긴장하게 된다. 목사는 사회를 하면서 이 순서를 진행한다. 이때 혹 설교 내용 가운데 의심되는 것을 물을 수도 있고 필요하면 해명도 하게 된다. 그런데 일반적으로 장로들이 심방하면서 교인들로부터 들은 목사의 설교에 대한 감사의 보고가 있는데, 목사가 힘써 준비하고 설교한 일에 대한 감사를 표하는 것이다. 개혁교회 목사 중 누구도 이런 설교에 대한 토론 전통에 대해 부정적인 입장을 취하지 않는다. 어떤 면에서는 목사에게 부담이 되기도 하지만 이런 전통이 신실한 말씀의 선포자가 되게 하는 한 방편이 된다고 보기 때문이다.

우리 교회와 역사적으로 밀접한 관계를 가지고 있는 미국의 장로교회들도 교회정치에서 장로의 직무에 대해 양떼뿐 아니라 목사의 교리와 생활의 순수성에 관심을 가져야 한다는 것을 명시하고 있다. 미 정통장로교회(The Orthodox Presbyterian Church)의 교회정치 중 장로 항목에는 "장로들은 말씀의 봉사자

---

45 교회정치, 제6장, 제47조 장로의 직무

들(the ministers of the Word)의 교리와 행위에 대해 특별한 관심을 가져야 하고, 그가 사역하는 일을 도와야 한다"라고 하고 있다.[46] 미 장로교회(The Presbyterian Church in America)의 교회정치 중 장로 직책 부분에서도 "장로의 직분은 맡기워진 양무리를 개별적으로 혹은 공동으로 부지런히 지켜 교리와 도덕적으로 부패하지 않게 하는데 있다"고 했다.[47] 여기에 언급한 장로는 가르치는 장로(목사)와 다스리는 장로(치리장로) 양자를 포함한다. 장로와 목사는 다 함께 양무리를 교리의 탈선과 도덕생활의 부패로부터 보호할 사명을 가지고 있다. 이를 위해서는 무엇보다 교회 안팎으로부터 올 수 있는 '흉악한 이리(거짓 스승)'를 경계하고 양떼를 침범하지 못하게 하는 것이다(행20:28-31).

장로가 잘못된 교리와 생활을 분별해 내고, 양떼를 보호하기 위해서는 먼저 하나님의 말씀을 읽고, 연구하고, 묵상하는 일에 게으르지 않아야 한다. 말씀에 대한 상당한 지식과 바른 이해가 없이는 이 직무를 감당할 수 없기 때문이다. 장로는 건전한 개혁주의 입장의 주석을 적어도 한두 벌 갖추고 성경을 읽고 그 참뜻을 이해하기 위해 힘써야 한다.

나아가, 장로는 거짓 스승의 거짓 가르침을 가려내기 위해서는 교회의 공고백의 내용에 익숙해야 한다. 교회는 일찍부터 거짓

---

46 The Orthodox Presbyterian Church, The Book of Church Order, Form of Government, 10:3
47 The Presbyterian Church in America, The Book of Church Order, Form of Government, 8:3

스승으로부터 교회를 보호하기 위해 신경(신앙고백서)을 받아 읽혀 왔다. 고대 교회에서는 영지주의로부터 교회를 보호하기 위해 사도신경을, 또 아리우스의 오류로부터 교회를 보호하기 위해 니케아 신경을 차례로 받았다. 그리스도의 교회는 오늘날까지 이 신경에 담긴 진리를 통해 거짓 교리를 가려내는 표준으로 삼고 있다.

종교개혁 이후 칼빈의 신앙적 후예들은 각기 지역적인 교회의 역사적 환경을 따라 신앙고백을 작성하여 받고, 개혁주의 교회로서의 정체성을 드러내어 왔다. 대륙의 칼빈주의 '개혁교회'들은 세 가지 신앙고백서를 일치신조(The Three Forms of Unity; 벨직 신앙고백서 1561, 하이델베르그 교리문답 1563, 돌트신경 1618-1619)로 받았고, 영국과 스코틀랜드계의 칼빈주의 장로교회들은 '웨스트민스터 신앙고백과 대소교리문답(1643-1648)'을 받았다. 이 신앙고백은 성경의 복음을 조직적으로 정리한 것이다. 그러므로 장로교회에 속한 장로들은 이 신경의 내용에 대해 상당한 지식을 가지고 있어야 거짓 교리를 분별해 낼 수 있다. 장로는 이 신앙고백 내용을 스스로 연구할 뿐 아니라, 노회 혹은 전국적인 모임을 통해서도 전문 강사를 청하거나 장로 중에 발표자를 선정하여 연구, 발표하게 하고 토론함으로써 지식을 넓혀 가야 한다. 장로가 '흉악한 이리'로부터 양무리를 보호하고 자기 사명을 다할 수 있는 무기는 하나님의 말씀인 성경과 교회가 받은 신앙고백에 대한 깊은 지식을 갖는 것이기 때문이다.

2) 장로들은 권징에 성실해야 한다(마18:15-20).

장로는 교인들 가운데 교리와 도덕적으로 잘못을 발견했을 때 개인적인 충고와 권면을 통해 교정에 힘써야 할 것이다. 그러나 이런 노력이 결과를 맺지 못할 때 장로는 이를 당회에 보고하고, 당회는 함께 교정하기 위해 노력하여야 한다. 이 같은 노력에도 불구하고 선한 결과가 나타나지 않을 때는 당회가 교정과 치유를 위한 공적인 권징의 과정을 밟아야 한다.

이렇게 권징을 시행하는 것은 주 예수께서 일찍이 가르쳐 주시고 명하신 것이다; "네 형제가 죄를 범하거든 가서 너와 그 사람과만 상대하여 권고하라. 만일 들으면 네가 네 형제를 얻은 것이요 만일 듣지 않거든 한두 사람을 데리고 가서 두세 증인의 입으로 말마다 증참하게 하라. 만일 그들의 말도 듣지 않거든 교회에 말하고 교회의 말도 듣지 않거든 이방인과 세리와 같이 여기라. 진실로 너희에게 이르노니 무엇이든지 너희가 땅에서 매면 하늘에서도 매일 것이요 무엇이든 땅에서 풀면 하늘에서도 풀리리라"(마18:15-18)고 하셨다..

교회는 양의 무리이다. 한 마리 양이 길을 벗어났을 때 이를 속히 발견하고 잃어버리지 않도록 하는 일이 목자적 장로의 사명이다. 교회의 권징은 먼저 성도들 사이의 교제 가운데서 시작된다. 권징을 통해 주께서 가르쳐 주신 질서를 귀하게 여기고 이에 따라 시행하도록 노력하고 교회를 지도해야 한다. 한 교인이 구역

장로에게 찾아와 어떤 형제 혹은 자매에 대한 죄문제를 알리거나 제기하게 될 때, 장로는 먼저 그 형제, 자매를 만나 회개를 권고했는지를 확인해야 할 것이다. 성도들 간의 교제를 통한 회개를 위한 노력이 결과를 거두지 못한 것을 화인하게 되었을 때, 장로는 범죄자의 회개를 위해 직분자의 입장에서 나설 것이다. 그가 돌이 켜 하나님 앞에 회개하면 모든 과거를 잊고 끝내야 한다. 그러나 회개하라는 권고를 듣지 않으면 교회의 당회가 공적인 권징 과정을 밟을 것이다.

이 모든 것은 잘못된 길에 들어선 양을 바른 길로 돌이켜 구원하는데 목적이 있다. 교회의 권징은 최후의 단계까지 모두가 교정과 치유를 위한 방편일 뿐이다. 출교도 최후의 극단적인 치유 방법인 것이다. 출교 조치한 후에도 회개에 대한 권고는 직·간접적으로 계속되어야 한다.

예수님이 권징의 과정에 대해 말씀하시면서 마지막으로 "교회에 말하라"고 하셨는데, 이 말씀을 이해하기가 어려울 수도 있다. 왜냐하면 그때 아직 신약교회가 설립되지 않았고 단지 교회와 연관된 구약시대의 회당만 있었을 뿐이었기 때문이다. 그러면 어떻게 예수님이 그때 교회라는 말씀을 하실 수 있었을까? 이 회당에는 장로들이 율법을 따라 다스리는 직분자 역할을 하고 있었다. 당시 회당생활에 익숙했던 제자들은 이를 잘 알고 있었다. 예수님이 교회를 말씀했을 때 제자들은 그들의 상식을 기반으로 회당의 장로들의 치리회를 생각했을 것이 틀림

없다. 예수님은 미래의 신약교회를 내다보시고 현존의 회당생활과 연관시켜 교훈하신 것으로 이해할 수 있다. 그러므로 여기 주께서 말씀하신 교회라는 말은 회당을 다스린 장로들의 치리기관과 같은 교회의 중심 치리기관을 가리키신 것이 틀림없다. 물론 교인의 권징에는 온 교회가 본질적으로 침묵 가운데 동의하여 참여하고 기도로 동참하게 된다(고전5:2). 그러나 공적으로 권징을 시행하는 기관은 전 교회가 아니고 치리기관인 당회가 되는 것이다.

교회의 권징은 성도들의 교제생활에서 개인적으로 은밀하게 시작되지만, 이것이 효력을 거두지 못할 때 교회의 공식 치리기관인 장로들의 회인 당회가 하게 된다. 장로들은 개인적으로, 혹은 연합해서 교인들의 교리와 기독교 윤리로부터의 탈선을 교정하기 위한 권징시행에 성실해야 할 의무를 지고 있다. 예수 그리스도는 장로들의 회인 당회가 그의 법과 말씀을 따라 시행하는 교회적 권징을 하늘에서 그대로 인정한다고 하셨다(마18:18, 16:19). 권징은 주께서 그의 교회에 주신 명령이다. 권징을 통해 교회는 교리적 순수성과 생활의 성결을 유지할 수 있으므로 하나님께 영광을 돌릴 수 있다. 그런고로 교회의 장로들은 그리스도의 명을 따라 교회를 살피고 권징을 시행하는 일에 성실해야 한다.

3. 장로들은 교인 가정을 심방해야 한다(히13:17).

교회는 그리스도의 몸이요, 각 인은 그 몸의 지체라고 한다(고전 12:27). 심방은 그리스도의 몸인 교회의 맥박과 체온을 점검하고 건전한 영적 성장을 돌보는 일이다. 종종 교인들의 가정을 심방하는 것은 가르치는 장로인 목사나 전도사가 하는 일이고 다스리는 장로의 의무가 아닌 것처럼 생각하는 경향이 있다. 주께서는 장로를 교회의 감독으로 세워 주셨다. 감독하는 일은 교인들의 가정을 심방하고 그 사정을 잘 알 수 있을 때에 효과를 거둘 수 있다.

칼빈이 제네바 교회에서 사도시대의 교회생활을 따라 처음 장로제도를 도입해 장로들로 하여금 성찬예식을 베풀기 전에 자기 구역의 모든 신자 가정을 방문하고 영적 생활을 살피게 했다. 교회가 1년에 네 번 성찬예식을 베풀었으니, 장로들은 모든 교인 가정들을 매년 적어도 네 번씩 심방한 셈이다. 장로들은 당회에서 교회정책을 세우고 행정하는 것이 주 임무가 아니다. 규칙적으로 교인들의 가정과 목자적 접촉을 함으로써 양떼를 쳐야 하는 사명이 있다.

개혁교회에서는 칼빈의 제네바 교회의 전통을 원리적으로 받아들여 장로들이 교인가정을 심방하는 것을 사명으로 알고 이행한다. 다만 제네바 교회처럼 성찬예식을 앞두고 심방하지는 않는다. 당회에서 구역을 나누고 장로 두 명씩 조를 만들어 그 구역에 속한 가정을 심방하는데, 1년에 적어도 한 번 이상은 공식적으로 하게 되어 있다. 교회정치에는 장로 직책에 이런 규정의 문장을 포함하고 있다; "교회를 세워가기 위해 장로들은 유익이 되는 만큼 빈번히 가정심방을 할 것이나 적어도 1년에 한 번은 해야 한다."[48] 그래서 당회는 규칙적으로 심방 보고만 하고 받는 회의를 갖고 보고 받은 결과를 살펴 기도한다. 목사는 일반적인 심방을 장로들에게 맡기고 병자와 고독한 교인들에 대해 특별심방을 한 후 보고한다. 목사는 장로들로부터 심방 보고를 받고 교인들 가정의 상황을 잘 파악한 후 목사의 특별 심방이 필요하다고 판단되는 가정을 심방하게 된다.

성경은 교인들과 장로 양자에게 다 심방을 통한 책임을 묻고 있다. 히브리서 기자는 이렇게 말했다.

"너희를 인도하는 자들에게 순종하고 복종하라. 저희는 너희 영혼을 위하여 경성하기를 자기가 회개해야 할 자인 것 같이 하느니라"(13:17).

교회의 지도자인 장로들과 교인들은 어느 날 주 앞에서 어떻게 인도하고, 또 순종했는지에 대한 헤아림을 받게 될 것이다.

장로들의 가정 심방은 여러모로 교회생활에 유익하다. 장로들은 가정 심방을 통해 교인들이 무엇을 필요로 하는지를 알게 되고, 당회에서 교회의 예배, 교육, 선교, 구제, 청소년 지도 등에 관해 의논하고 프로그램을 만들 때 크게 참고할 수 있기 때문이다.

---

48 The Church Order of the Reformed Church(Dordt), Art.20

1) 가정 심방을 위한 준비

장로의 이름으로 하는 가정 심방은 사교적인 방문이 아닌 주의 이름으로 교회를 위해 하는 것이라는 사실을 기억해야 한다. 가정 심방은 혼자 하는 것보다 적어도 두 사람이 조를 만들어 하는 것이 효과적이다. 그 이유는 심방중 대화하는 일에 서로 도움이 되고, 그 가정의 형편을 편견없이 이해하고 당회에 보고할 수 있기 때문이다. 장로들의 가정 심방은 하나의 팀워크가 되어야 한다. 한 교회에 장로가 두 사람 이상이 되지 못해 조를 만들 수 없는 형편일 때는 목사와 함께 심방하는 길 밖에 없다. 이런 경우에는 목사가 자연스럽게 심방을 주도하게 된다. 장로 두 명이 조가 되어 심방할 때는 누가 성경을 읽고, 누가 마침 기도를 할 것인지 미리 정하여 준비하도록 해야 한다. 목자는 양을 아는 것이 상식이다(요10:14). 심방하기 전 그 가정에 속한 가족의 이름을 다 기억하되 특별히 아이들의 이름을 기억하여 목자적 장로로서 친근감을 갖게 해야 한다. 가장의 직업과 장성한 자녀가 있으면 어떤 일에 종사하는지를 아는 것이 좋고, 자녀들이 어떤 학교에 다니는지도 알 때 효과적인 대화를 나눌 수 있고, 유익한 심방 결과를 얻을 수 있다.

지난 날 한국의 많은 교회들이 심방은 목사와 전도사들의 일이라고 생각하는 경향이 있었다. 목사와 전도사는 특별한 일이 없는 한 춘추에 모든 가정을 둘러 보는, 소위 대심방이 관례가 되어

왔다. 그러나 이런 심방은 큰 뜻이 없고 효과도 없다. 낮에 대부분의 가족은 일터에 있고, 아이들은 학교에 가고 없어 가족을 만나 대화를 나눌 수 없다. 그러니 심방하는 목사와 전도사는 집을 지키고 있는 주부만 만나 복을 빌어주고 나온다. 여기 한국의 기복신앙적인 일면이 있다.

교회 장로들이 공식적으로 하는 가정 심방을 도입할 필요가 있다. 이 심방은 그 가정의 부모와 자녀들이 다 모일 기회를 얻어 하는 것이 바른 일이고 효과적이다. 가정 심방은 단순히 기복을 위한 것이 아니고, 온 가족을 만나 대화함으로써 신앙생활을 살피고 교회와의 관계를 돈독하게 하는 건설적이고 교육적인 기회가 되어야 한다. 낮이든 저녁이든 온 가족을 만날 수 있는 기회를 찾는 것이 좋다. 구미 개혁교회에서는 공식적인 심방을 예외 없이 저녁에 한다. 저녁시간에 장로들이 시간을 낼 수 있고, 심방을 받는 가정의 모든 식구가 모일 수 있기 때문이다. 한국적인 문화에서는 이것이 어려워 보인다. 그러나 1년에 한두 번 받는 가정 심방이라면 가정마다 어느 한 밤을 구별해 시행할 수 있지 않을까 생각한다.

심방 장로팀은 미리 계획을 만들고, 가정의 형편을 따라 미리 심방날짜와 시간을 약속하여 시행하는 것이 좋다. 개혁교회의 생활을 보면 주일마다 주보나 공식 광고를 통해 심방할 가정과 날짜와 시간을 알리고 있다.

2) 심방할 때 주의할 점들

심방하는 장로들은 밝고 예의 바른 모습을 보여야 한다. 어린 아이들은 장로들을 두려워할 수도 있다. 아이들의 이름을 기억하여 불러줌으로써 친근하고 부드러운 목자다운 인상을 주게 될 것이다.

종전의 목사나 장로의 심방은 그 가정에서 예배를 드리고 복을 비는 것으로 여겨져 왔다. 이런 기복신앙에 기초한 심방문화는 바뀌어야 한다. 심방은 교회로서 그 가정의 제반 사정을 살피고 도와주고 지도하는데 목적을 두어야 한다. 이를 위해서는 장로들의 심방이 엄숙한 예배형식을 갖춰서는 안된다. 마음을 열고 대화할 수 있는 분위기를 만들어야 할 것이다.

장로는 심방을 갈 때 반드시 자기의 성경을 가지고 가야 하며 빌려 보는 일은 바람직하지 않다. 장로가 성경을 읽고 몇 마디 간단한 설명을 하는 것은 좋으나 짧은 설교를 해서는 안된다. 설교는 교회의 공예배 시에 목사가 봉사하는 사명이다. 성경을 읽고 나서 자연스럽게 대화를 시작한다. 대화는 예, 혹 아니오, 하는 문답식으로 하지 말고 자연스럽게 말씀을 통한 영적 성장, 성경 읽기와 연구, 주일학교, 가정기도, 학교생활과 신앙, 직업과 신앙생활 등에 관하여 하는 것이 좋다.

심방 중에 목사의 설교와 관계된 대화가 자연스럽게 나올 수 있다. 장로들은 강단에서 선포한 목사의 설교의 결실이 교인들의 생활에 나타나고 있는지를 살펴야 한다. 그런데 목사의 설교 문제를 접근하는데 있어서 장로들은 매우 조심해야 한다. 교인들에게 목사의 설교를 즐기고 있느냐고 물어서는 안된다. 이런 물음은 자칫하면 목사의 설교에 대한 비평을 요청하는 것 같이 들리기 때문이다. 왜 설교가 우리 신앙생활에 중요하며, 설교에서 유익을 얻으려면 어떤 마음가짐과 준비가 필요한지 등을 물어보는 것이 좋다. 장로는 심방을 하면서 절대 목사의 설교에 대한 비판을 이끌어 내어서는 안된다. 장로들의 가정 심방은 교회를 다스리고 감독하는 당회의 이름으로 하는 것이다. 이때 장로는 교회 봉사를 위한 목사의 동역자이다. 동역자에 대한 비판을 교인들과 함께 하는 것은 교회를 봉사하는 일이 되지 못한다.

혹 어떤 가정에서 교회와 목사, 예배의식 등에 관해 일종의 불평을 할 수도 있다. 이런 경우에 장로들은 찬반 논쟁을 피해 듣기만 하고 그 사정을 당회에 보고해야 할 것이다. 교인들과의 찬반 논쟁은 심방에 아무런 유익을 가져오지 못한다. 문제가 심각한 것으로 판단되면 다음에 적당한 기회를 마련하여 대화를 하는 것이 좋다. 비판을 들을 경우 이를 완전 무시해 버리거나 변명하며 넘어가려고 해서는 안된다. 이때 장로의 신중한 태도가 요구된다. 마침기도는 심방을 통해 발견한 그 가정에 필요한 것을 위해 구하고 그 가정의 평안을 기원할 것이다.

장로는 공식적인 가정 심방을 할 때 필요한 시간 외에 길게 머물지 말아야 한다. 공식적인 심방을 마친 후 그대로 앉아서 여러 가지 이야기를 나누게 되면 심방의 영적 가치를 다 상실하게 된다. 장로의 가정 심방은 주의 이름으로 교회를 위한 감독자의 자격으로 하는 것이다. 개인적으로 교제할 기회는 다음으로 미루어야 한다.

장로는 교회에 속한 가정과 개인이 당면한 여러 어려운 문제를 접하고 다루어야 할 형편이 있을 수 있다. 부모와 자녀관계, 이혼과 재혼, 편부모, 미혼모 등의 문제를 접하게 될 때 매우 신중한 접근이 요구된다. 장로는 이런 문제에 대한 성경적 지도원리를 터득하기 위한 노력도 해야 한다. 장로 직분은 결코 명예직이 아니다. 이 직분을 효과적으로 이행하기 위해서는 필요한 책을 구해 읽고 끊임 없이 연구함으로써 자기 계발을 해 나가야 한다.

4. 장로는 부지런히 일하고 가난한 자를 구제할 수 있어야 한다(행20:33-35).

사도 바울은 에베소 교회 장로들에게 준 이별사에서 물욕에 대해 심각한 경고를 했다. 바울은 복음 전파를 통해 교회건설에 헌신하면서 누구에게도 물질적인 누를 끼치지 않기 위해 스스로 일하여 자기 자신과 동행자들의 쓸 것을 스스로 해결하는 본을 보였다. 그래서 그는 "내가 아무의 은이나 금이나 의복을 탐내지 아니하였다"며, 스스로 일하여 쓸 것을 감당함으로써 "범사에 너희에게 모범을 보였으니 곧 이같이 수고하여 약한 사람을 도우라"고 장로들에게 권고했다. 그리고 "예수의 친히 말씀하신 바 "주는 것이 받는 것보다 복이 있다고 하신 말씀을 기억하여야 한다"고 했다(행20:33-35).

지난 날 한국의 어떤 장로들은 귀족사상에 젖어 천역으로 생각되는 일은 전혀 하지 않았다. 집안이 경제적으로 심히 어려워도 귀족으로서의 체면과 위상을 지키기 위해 오히려 교인들의 도움을 받고 사는 장로들이 있었다. 이들은 사도 바울이 보기를 원한 장로 상이 결코 아니었다.

장로들은 물질과 돈 문제에 있어서 깨끗해야 한다. 장로가 돈 문제로 사람들의 비난을 받게 된다면 이보다 더 불명예스러운 일이 없다. 다스리는 장로들의 대부분은 세상에서 공직에 몸담고 있거나 자영 사업을 하고 있다. 장로가 탐욕 때문에 부정에 가담하거나 정직하지 못한 거래를 하게 되면 언젠가는 드러나게 되어 하나님의 영광을 크게 가리우고 복음을 전파하는 데도 장애가 될 것이다. 현실적으로 장로들이 교회에서 건축이나 선교 등의 헌금을 맡아 다루다 자기의 사업이나 이권을 위해 이용함으로써 문제가 되는 일이 가끔 있었다. 특별히 목사들 중에서도 물질 문제 때문에 비난을 받는 일이 종종 있다. 이것은 모두 물욕 때문에 자초한 화다. 장로는 탐욕을 버려야 한다. 스스로 열심히 일하여 가족의 쓸 것을 공급하고, 교회를 위해 바치며, 가난한 사람들을 도울 수 있도록 힘써야 한다. 바울은 전적으로 복음 전파에 헌신하면서도 스스로 일하여 쓸 것을 감당함으로써 물질 문제로 다른 사람들에게 누를 끼치지 않았다.

물론 바울의 이런 생활은 앞으로 복음전파에 전적으로 헌신하는 자들이 다 자기 쓸 것을 감당하면서 하라는 것은 아니었다. 딤전5:28에 바울은 "다스리는 장로"와 "가르치는 장로"에 대해 존경할 것을 말하면서 18절에 구약의 말씀을 인용하여 "일꾼이 그 삯을 받는 것이 마땅하다"고 했다. 교회 건설 초기에 바울이 자기 스스로 일하여 쓸 것을 감당한 것을 본으로 들면서, 장로들에게 "수고하여 약한 사람을 도우라"고 한 것은, 교회 봉사를 하는 장로들은 물질 문제에 있어서 깨끗하고 사람들에게 물질적으로 너그러운 시혜자가 되어야 한다는 말이었다.

사도 베드로도 로마제국의 다섯 지방에 있는 교회 장로들에게 "더러운 이를 위하여 하지 말고 오직 즐거운 뜻으로 하라"고 했다(벧전5:2). 장로들은 감사의 마음과 기쁨으로 하나님의 양무리를 쳐야 하며, 물질적인 이득이나 명예를 얻을 목적으로 봉사해서는 안된다.

5. 병든 자들에게 대한 특별한 관심을 가져야 한다(약 5:14).

주의 형제인 야고보는 병든 자를 상대하여 이르기를 "너희 중에 병든 자가 있느냐 저는 교회의 장로들을 청할 것이요 그들은 주의 이름으로 기름을 바르며 위하여 기도할지니라"고 했다(약 5:14). 장로는 교회 안에 병든 자를 찾아 기도할 사명이 있다. 이는 장로가 어떤 병을 치유하는 은사를 받았기 때문이 아니다. 그는 교회에서 주의 양떼를 돌보고 섬기는 공식적인 직분을 받았기 때문이다. "의인의 기도는 역사하는 힘이 많으니라"고 했다(16절). 병자를 방문하고 낫도록 기도하는 것은 목자적 의무를 가진 장로의 본질적 의무이다. 일찍이 에스겔 선지자는 이스라엘 목자들에게 "너희가 연약한 자를 강하게 하지 아니하며 병든 자를 고치지 아니하며 상한 자를 싸매어 주지 아니하였다"고 하며 책망했다(겔34:4; 슥11:16 참고). 병은 다른 사람들의 도움과 기도를 요하는 특별한 종류의 고통이다. 장로는 고통하는 양을 위로하고 돕고 기도할 사명이 있다.

그런데 여기서 두 가지를 기억하고 주의할 사항이 있다.

첫째, 야고보는 "주의 이름으로 기름을 바르며 기도하라"고 했다. 이 기름에 대해서 여러가지 해석이 있을 수 있다. 어떤 사람은 병자에게 쓰는 약을 가리킨다고 한다. 그러나 이 해석은 맞지 않다. 기름이 모든 병에 약이 될 수 없기 때문이다. 그리고 장로는 병을 고치기 위해 약을 처방하여 쓰는 의사가 아니다. 여기 기름에 대해서는 이스라엘 백성들의 역사 속에서 뜻을 찾아 보는 것이 바람직하다. 특별히 야고보는 여러 지역에 흩어져 있는 열두 지파의 유대 그리스도인들에게 글을 썼기 때문이다(약 45년 경).

유대인들의 구약 역사에 보면 하나님을 위해 구별하거나 바치는 물건에 기름을 부었다.[49] 그 첫 번째 예는 야곱이 하란으로 가는 길에 꿈에 천사가 하늘에 닿은 사닥다리를 오르락내리락하는 광경에서 나타나는데, 여호와께서 보호를 약속하신 자리에 베개를 삼았던 돌을 기둥으로 세우고 그 위에 기름을 붓고 그곳 이름을 벧엘이라 불렀던 것이다(창18:18, 19). 야곱은 돌에 기름을 부음으로써 그곳을 구별하여 하나님의 전으로 삼기를 원했다(20-22). 그 다음으로는 제사장이나 제사장의 옷, 장막 등을 하나님을 섬기기 위해 구별할 때(출29:21, 30:30, 40:9)와 왕을 구별하여 세울 때(삼상 10:1, 16:13; 왕상1:39; 왕하 9:6) 기름을 부었다.

그러므로 장로가 주의 이름으로 병자에게 기름을 바르고 기도하라는 것은 유대인들의 전통과 관례를 따라 하나님의 돌보심과 고치심을 병자에게 촉감으로 느끼도록 구별하여 맡기면서 기도할 것을 뜻한 것으로 이해할 수 있다. 여기 병자를 낫게 하는 것은 기름이 아니고 기도라는 사실을 알아야 한다. 13절에서 18절까지 '기도'라는 말이 7회나 나온다. 기도는 하나님께 대한 깊은 신뢰의 표현이다. 기도는 전능하신 하나님의 팔을 움직여 초자연적인 능력을 발휘하게 하는 방편이기도 하다. 주님은 "너희가 기

---

[49] Alexander Strauch, Biblical Eldership, p. 257 ff. 참조

도할 때에 무엇이든지 믿고 구하라. 구하는 것은 다 받으리라"고 하셨다(마21:22; 눅11:5-13; 요15: 7, 16 참고).

그런데 여기서 기도에 대한 응답이 항상 병 고침을 받는 것으로만 나타나지 않는다는 것을 알아야 한다. 바울은 그의 육체를 괴롭히는 가시를 제거해 달라고 세 번이나 기도했으나 해결하지 못했다. 이는 그의 신앙이 부족해서가 아니었다. 하나님은 달리 응답하심으로써 그의 완전성을 보여주셨다. 주님께서는 "내 은혜가 네게 족하도다. 내 능력이 약한 데서 온전하여 짐이라"고 응답하신 것이다(고후12:7-9). 장로는 병자를 방문하여 하나님의 약속을 믿고 성실히 기도함으로써 자기 사명을 다해야 한다.

둘째로, 야고보가 "장로들을 청할 것이요"라고 복수를 사용한 것에 주목하게 된다. 성경은 개 교회 장로를 언급할 때 언제나 복수를 사용하는데 여러가지 이유가 있다. 여기서 복수로 장로를 언급한 것은 먼저 교회를 공적으로 대표한다는 사실을 말해 준다. 장로의 직분 이행은 개인적이기 보다 교회를 대표하여 집단적으로 하는 것이다. 병으로 고통하는 자의 병상 옆에서 교회를 공적으로 대표하는 장로들이 합심해 기도하게 될 때 결과에 대해 더욱 확신을 갖게 될 것이다.

나아가, 장로들이라는 복수를 언급한 것은 한 사람이 아닌 두 사람 이상 함께 병자를 방문하는 것이 서로에게 덕이 되기 때문이기도 하다. 연령에 관계 없이 혹 혼자 앓고 있는 여성도에게 장로가 혼자 방문하는 것은 덕이 되지 않을 수 있다. 장로가 복수로 방문하게 될 때 신뢰감을 더 얻을 수 있고 바람직하지 못한 의혹에서 벗어날 수도 있다. 목사가 병중에 있는 여성도를 심방할 때도 다른 동역자들을 동반하는 것이 덕이 된다.

장로의 자격

07 Chapter

제7장

장로의 자격

　장로직은 교회에 성실하게 나오는 성도나 연로한 자에게 주는 명예직이 아니다. 교회에 거액의 헌금을 한다거나 주변 사람들에게 인기가 있다고 주어지는 자리도 아니다. 교인 중에 세상에서 높은 지위를 가진 자에게 주는 자리는 더 더욱 아니다. 장로직은 성경이 제시하는 자격을 가진 신자라면 누구에게나 기회가 주어져 있다.
　많은 사람들이 장로의 자격에 대해 목사와 아주 다른 것으로 생각한다. 그러나 성경은 장로와 목사의 자격에 대해 본질적인 차이를 언급하지 않고 있다. 성경은 원래 같은 급에 속한 장로들이 교회의 발전 과정에서 '다스리는 장로'와 '가르치는 장로'의 두 부류로 나누어지게 되었다고 설명한다(딤전5:17). 그러므로 원래 장로들 사이에 본질적인 차이는 없었던 것이다. 가르치는 장로는 다스리는 장로와 함께 기본적인 자격 외에 설교하는 것과 가르치는 일을 덤으로 받은 은사의 차이가 있을 뿐이다.

사도 바울은 딤전3:2-7과 딛1:6-9에서 각각 다음과 같은 15가지를 장로의 자격으로 언급하고 있다. 그런데 이 두 군데의 내용이 약간 차이가 있어 보이지만 본질적으로 거의 같다는 것을 알 수 있다.

딤전 3: 2-7	딛 1:6-9
1. 책망할 것이 없으며	책망할 것이 없고
2. 한 아내의 남편이 되며	한 아내의 남편이며
3. 절제하며	믿는 자녀를 둔 자라야
4. 근신하며	제 고집대로 하지 아니하고
5. 아담하며	급히 분내지 아니하며
6. 나그네를 대접하여	술을 즐기지 아니하며
7. 가르치기를 잘 하며	구타하지 아니하며
8. 술을 즐기지 아니하며	더러운 이를 탐하지 아니하며
9. 구타하지 아니하며	오직 나그네를 대접하며
10. 관용하며	선을 좋아하며
11. 다투지 아니하며	근신하며
12. 돈을 사랑치 아니하며	의로우며
13. 자기 집을 잘 다스리며	거룩하며
14. 새로 입교한 자도 말찌니	절제하며
15. 외인에게도 선한 증거를 얻은 자라야	미쁜 말씀의 가르침을 그대로 지켜야

그러면 딤전3:2-7의 본문에 언급된 자격의 내용을 중심으로 간략하게 살펴 본다. 바울이 디모데전·후서를 썼던 때를 먼저 생각하는 것이 장로의 자격에 대한 내용을 이해하는데 도움이 된다. 바울과 바나바는 제1차 전도여행 시 저들이 세운 루스드라, 이고니온, 안디옥 등에 있는 각 교회에 장로들을 세웠다(행 14:23). 이때가 주후 47년 경이었다. 그런데 바울이 디모데에게 편지(디모데전·후서)를 쓴 때는 그 후 15년이 지난 주후 63년 경이었다. 이는 그가 세운 이방지역 교회에 장로를 세운지 15년 이상 되었다는 것을 의미한다. 그리고 교회에는 이미 장로제도가 크게 발전하여 두 부류로 나뉘어졌는데, '다스리는 장로' 와 '말씀과 가르치는 일에 수고하는 장로' 가 있었던 것이다(딤전5:17).

바울이 이 편지를 쓴 시기는 로마 감옥에서 풀려난 후(행28), 디모데와 함께 에베소를 잠시 방문하고 그를 그곳에 머물러 교회를 섬기게 한 후였다(딤전1:3). 바울이 디모데를 에베소에 머물게 한 이유는 거짓 스승들(이리들)이 등장하여 혼란에 빠진 교회를 수습하기 위해서였다. 그가 5~6년 전 에베소를 떠나면서 경고했던 일(행20:29, 30)이 실제로 일어났던 것이다. 어떤 유대의 신자 지도자들 중에 "다른 교훈을 가르치며", "신화와 끝없는 족보에 착념"하도록 하는 자들이 있어서 교회에 논쟁과 분열을 일으켰다(딤전1:3, 4). 그 가운데는 후메내오와 알렉산더가 있어서 바울과 디모데는 이들을 출교해야만 했던 것이다(딤전1:19, 20; 딤후2:17, 4:14). 뿐만 아니라 그 동안 교회에 새로 입교한 자들이 장로로 임직되어 어려움을 초래했고, 그 무렵에도 자격 없는 자들이 장로가 되려고 애쓰고 있었다. 그래서 바울은 젊은 사역자인 디모데에게 장로의 자격에 대해 엄격한 표준을 제시하며 신중하게 임직해야 할 것을 경고한 것이다.

딤전3:1에 언급한 '감독'은 딤전5:17에 언급한 '장로'와 다른 직분을 말하지 않는다. 이 편지에서 감독과 장로는 같은 직분을 가리키는 말로서 바뀌어 가며 쓰여지고 있는 것이다. 이 무렵에 이미 언급한 대로 장로회 안에 '다스리는 장로'와 '말씀과 가르침에 수고하는 장로'로 두 부류가 형성돼 있었다(딤전5:17).

바울은 "사람이 감독의 직분을 얻으려 하면 선한 일을 사모"하는 것이라고 말했다(딤전3:1). 여기 '선한'이라고 번역된 원래의 희랍어(kaleo)는 "고상한(noble)", 혹은 "가치 있는(valuable)"이라는 뜻을 가지고 있다. 장로가 하는 일은 고상하고 가치 있는 것이다. 그 이유는 하나님이 그의 피로 사신 양떼를 치는 일이요(행20:28), "살아계신 하나님의 집"을 돌보는 일이기 때문이다(딤전3:15).

바울이 딤전3:2-7에서 언급한 장로의 자격에 대한 덕목은 15가지이다. 이것을 크게 두 가지로 나눌 수 있는데, 첫째는 주로 개인적인 인격의 덕목으로서 도덕적으로 "책망할 것이 없고", 술과 돈 문제에 있어서 절제할 수 있고, 근신하고 아담한 행동을 가짐으로써 자제할 수 있어야 한다는 것이고, 둘째는 대인 관계에서 가져할 인격적인 덕목으로 구타하지 않고, 다투지 않으며, 관용하고, 자기 집을 잘 다스리며, 나그네를 잘 대접하고 잘 가르칠 수 있어야 한다는 것 등이다.

바울이 디모데전서 3장에 15가지로 언급한 장로의 자격은 다음과 같다.[50]

1. 장로는 "책망할 것이 없어야" 한다(딤전3:2).

이것은 장로는 교회 안과 밖에서 치욕적인 성격을 가진 자나 그런 행동을 하지 않는 자라야 한다는 것을 의미한다. "책망할 것이 없어야 한다"고 첫째로 말하는 것은 앞으로 언급할 장로의 자격에 대한 모든 항목을 포괄하고 있는 것으로도 볼 수 있다. 장로는 도덕적으로 영적으로 흠 잡힐 것이 없어야 한다. 물론 이것은 절대 무흠해야 한다는 것을 가리키지는 않는다. 이런 사람은 세상에서 찾을 수 없기 때문이다. 장로가 될 사람은 적어도 교회 직분자로서의 권위를 해칠 수 있는 부끄러운 점이 없어야 한다는 것이다. 장로는 교회의 지도자로서 교회 안팎에서 본을 보여 주어야 하는 고로 책망 받을 것이 없는 생활을 하는 자라야 한다(벧전5:3). 욥은 구약시대에 책망 받을 것이 없는 장로였다. 그는 "순전하고 정직하여 하나님을 경외하며 악에서 떠난 자"였던 것이다

---

50 Alexander Strauch, Biblical Eldership, pp.186-202 Gene A. Getz, Elders and Leaders, Moody Publishers, 2003, pp.96-100 참고

(욥1:1, 29:7, 21, 25). 바울은 디도서 1:7에서 "감독은 하나님의 청지기로서 책망할 것이 없어야" 한다고 했다. 장로는 하나님의 집의 관리자이다. 이 세상의 회사나 공장에서도 책망 받을 것이 없는 신실한 사람을 관리자로 세운다. 그렇다면 하나님의 집인 교회에서야 더욱 책망 받을 것이 없는 신실한 자가 마땅히 청지기가 되어야 할 것이다.

2. 장로는 "한 아내의 남편"이어야 한다(딤전3:2).

바울은 두 군데(딤전3:2; 딛1:6)서 장로의 자격을 언급하며 하나같이 "책망할 것이 없어야" 한다는 말에 바로 이어 "한 아내의 남편"이어야 한다는 요건을 강조한다. 이것은 장로가 책망 받을 것이 없어야 하는 제일 중요한 영역이 결혼생활과 성생활이라고 말해 주는 것이다.

어떤 사람은 여기 "한 아내의 남편"이어야 한다는 말을 장로가 될 자는 반드시 결혼한 사람이어야 한다는 뜻으로 이해를 한다. 그러나 그런 뜻으로 이해해서는 안된다. 왜냐하면 바울은 결혼하지 않고 단순하게 살면서 주를 섬기는 사람을 귀하게 여겼고(고전7:32-40), 바울 자신도 결혼하지 않고 평생 주의 일에 헌신했기 때문이다. 그러므로 바울은 장로가 될 자격으로 아내를 가진 사람이어야 한다는 요건을 제시한 것이 아니다.

또 어떤 사람은 "한 아내의 남편"이어야 한다는 말을 일부다처주의를 금한다는 뜻이라고 주장한다. 이런 견해도 바르지 못하다. 일부다처주의는 유대와 이방 모든 사회에서 혐오의 대상이었다. 그러므로 바울이 교회에 일부다처의 예가 있어 이런 요건을 말했다고 볼 수 없다.

그 외에도 어떤 사람들은 "한 아내의 남편"이란 말은 평생 단 한 번만 결혼한 남자를 가리킨다고 이해하기도 한다. 곧 장로 될 사람은 아내가 세상을 떠난 후에 재혼을 해서는 안된다고 가르쳤다는 것이다. 그러나 성경은 어디에도 이런 식으로 가르치고 있지 않다.

그러면 "한 아내의 남편"이라는 말을 어떤 뜻으로 이해할 것인가? 이는 성실한 일부일처제 결혼생활을 가리키는 말이라고 이해를 하는 것이 옳다. 곧 장로가 될 사람은 한 아내에게 성실하고 진실한 남편이 되어야 하며, 오직 한 아내의 사람이 되어야만 한다는 것을 가리키는 것이다. 장로 될 사람이 한 아내 외에 다른 어떤 여성을 사랑할 수 없다. 오늘날은 동성애가 문제로 등장하고 있다. 동성애 문제는 교회 밖 세상에서 뿐 아니라, 교회 안에서도 찬반논쟁으로 대립되고 있다. 자유주의 신학을 수용하는 상당수 교회들이 동성애를 공식적으로 인정할 뿐 아니라, 교회 직분자들의 동성애까지 수용하고 있다. 바울이 디모데에게 편지를 쓰던 때에도 에베소에 동성연애하는 자들이 있있기 때문에 "음행하는 자와 남색하는 자"의 죄에 대해 언급하고 있다(딤전1:10). 장로가 될 사람은 성적으로 문제가 있는 관계를 갖고 있어서는 안 된다.

　장로는 "한 아내의 남편"으로 결혼생활에 책망 받을 일이 없어야 한다. 특별히 장로는 오늘날 성 개방시대를 맞아 스스로 성실한 결혼생활을 통해 본을 보여 주어야 한다. 사탄이 하나님의 교회를 무너뜨리기 위해 사용하는 가장 오래되고 효과적인 전략 중 하나는 교회 지도자들의 성생활을 더럽히는 것이다(민25:1-15; 왕상11:1-13; 스9:1-13 참고). 사탄은 교회의 지도자인 장로가 한 아내에게 성실하지 않으면 교인들도 그렇게 될 것을 잘 알고 있다. 그래서 사탄은 교회 지도자들에게 모든 수단을 다해 성실한 결혼생활에서 벗어나도록 유혹하는 것이다. 장로들의 성결한 결혼생활은 하나님의 교회를 보호하기 위해 매우 중요하다.

　오늘 많은 사람들이 결혼생활을 하찮게 여기고, 이혼을 예사롭게 하며, 성을 구별하신 하나님의 법을 어기고 동성애(남색하는 자와 여색하는 자)를 수용하고 있다. 많은 교회들이 이런 시류에 편승하고 있다. 이런 때에 장로는 "한 아내의 남편"으로서 순결한 결혼생활로 본을 보여야 한다.

3. 장로는 "절제"할 수 있어야 한다(딤전3:2).

　'절제'는 자제하고 신중함을 가리킨다. 당회에서는 교회를 위해 여러가지 중요한 문제를 의논하고 결정하여야 한다. 이때 장로는 경솔하거나 쉽게 분노해서는 안되며 자제하고 신중해야만 한다. 나아가, 장로는 모든 생활에서 육체적인 욕망을 자제할 수 있어야 한다. 육체적이고 인간적인 욕망을 자제하지 못하는 사람은 사탄에게 희생의 대상이 되기 쉽다. 솔로몬은 "자기의 마음을 제어하지 아니하는 자는 성읍이 무너지고 성벽이 없는 것 같으니라"고 했다(잠25:27). 솔로몬의 시대에 성읍은 성벽으로 둘러 싸여져 있어 적들로부터 보호를 받았다. 사람이 절제력을 잃으면 성벽이 무너져 성읍이 대적들에게 쉽게 짓밟히는 것처럼 사탄의 짓밟힘을 당하게 되는 것이다.

4. 장로는 "근신"해야 한다(딤전3:2).

근신함은 절제란 말과 유사한 뜻이 있다. 디도서 1:8에서도 같은 자격에 대해 말한다. 근신이란, 판단이 요구되는 어떤 일을 접할 때 가볍게 행동하지 않고, 객관성을 유지할 수 있는 건전한 마음을 가지고, 신중하게 행동하는 것을 의미한다. 근신은 자만심을 억제하고 권위주의적인 태도를 취하지 않는다. 지도자인 장로의 경솔한 판단과 행동은 교회에 큰 해를 초래할 수 있으므로 장로에게는 근신함이 있어야 한다.

5. 장로는 "아담"해야 한다(딤전3:2).

'아담함'은 근신이라는 말과 밀접하게 연관되어 있다. 아담함은 자제, 예절있는 단정함, 질서를 지키는 행위를 가리킨다. 이 말은 외적인 행위와 복장의 단정함을 위해서도 사용되고 있다(딤전2:9). 장로가 아담해야 교인들의 존경을 받으면서 이끌어 갈 수 있다.

6. 장로는 "나그네를 대접"할 줄 알아야 한다(딤전3:2).

남을 잘 대접하는 것은 그리스도인의 미덕이다. 바울은 딛1:8에서도 같은 장로의 자격을 언급한다. 장로가 불친절하다는 것은 교인들에게 본이 되지 못한다. 자기 집을 항상 열어 놓는 것은 남을 사랑하고 섬기는 마음의 표현이다. 지역교회 장로가 불친절하다면, 그 교회 역시 그렇게 된다. 장로는 교회에 새로운 사람들이 왔을 때 친절하게 환영하고, 나그네를 대접할 줄 알아야 한다.

7. 장로는 "가르치기를 잘" 해야 한다(딤전3:2).

교회는 사도들과 선지자들의 터 위에 세워졌다(엡2:20). 교회는 구약과 신약으로 된 성경 말씀을 터로 삼아 세워졌다는 뜻이다. 장로들은 하나님의 교회(양떼)를 치는 직책을 맡았다. 양떼를 치는 수단은 하나님의 말씀이다. 그러므로 하나님의 양떼를 치기 위해서 장로는 마땅히 성경을 가르칠 수 있어야 한다.

여기 "가르치기를 잘" 해야 한다는 말은 유능한 교사가 되어야 한다는 뜻이 아니다. 다스리는 장로가 다 말을 잘하고 재능을 가진 스승이 될 수는 없다. 이는 단지 성경을 잘 알고 성경으로 교인들을 지도할 수 있어야 한다는 뜻이다.

바울은 디도서 1:9 에서도 장로에 대해 이렇게 말했다.

"미쁜 말씀의 가르침을 그대로 지켜야 하나니 이는 능히 바른 교훈으로 권면하고 거스려 말하는 자들을 책망하려 함이라."

장로는 교인들에게 성경을 펴 말씀으로 권고하고 격려할 수 있어야 하며, 거짓 교리를 분별하고 물리칠 수 있어야 한다. 교회를 성장시키고 거짓 교훈으로부터 보호할 수 있는 유일한 방편은 하나님의 말씀이기 때문이다.

장로는 양을 치기 위해서 두 가지 일을 해야 한다. 하나는 양을 모으는 것이고, 또 다른 하나는 흉악한 이리를 물리쳐 양을 보호하는 것이다(행20:28-31). 바울이 에베소 교회에서 봉사하는 디모데에게 편지를 썼던 때는 그곳에 "다른 교훈을 가르치는" 자들이 있었고(딤전1:3, 4), 디도가 봉사하던 그레데에도 "헛된 말을 하여 속이는 자"가 많이 있었다(딛1:10, 11). 이런 환경에서 교회들은 하나님의 말씀을 기초로 굳게 서서 바로 가르칠 수 있는 목자적 장로들이 필요하다. 오늘날 바울의 시대보다 더욱 다양한 거짓 교사들이 교회 내외에서 일어나고 있다. 그러므로 오늘의 교회는 성경의 진리를 분별하고 교인들을 가르치고 보호할 수 있는 장로를 더욱 필요로 한다.

8. 장로는 "술을 즐기지 않아야" 한다(딤전3:3).

장로는 음주 문제에 있어서 책망 들을 일이 없어야 한다. 디도서 1:7에서도 장로의 자격에 관하여 꼭 같은 말을 한다. 술에 취하는 것은 죄로서 권징의 사유가 된다(고전5:11, 6:10). 바울은 술 취하는 것을 육체의 일로 보았다(갈5:21; 엡5:18; 벧전4:3). 술을 즐기고 인박인 사람은 자기 수명을 단축시키고, 가정을 파괴하며, 경제적인 몰락을 초래한다. 이런 이유로 한국교회는 일찍부터 금주생활을 장려하고, 술 취하는 자들에게 권징을 시행했다.

그런데 여기서 바울이 "술을 즐기지 아니하여야 함"이라고 하는 말을 주목해서 보면 절대금주를 명하고 있지는 않다. 예수님도 가나 혼인잔치에 참석하여 포도주를 만드는 이적을 보이시고, 마지막 밤에 제자들과 가진 만찬에서는 포도주를 사용하셨다. 그러므로 금주와 절주는 구별해야 한다. 구미의 보수적인 개혁교회와 장로교회 가운데서 음주에 대한 정죄나 금주보다는 절주를 강조하는 교회들이 있다. 한국 교회(고신)와 자매 관계를 맺고 있는 미국의 정통장로교회 (OPC)와 화란의 개혁교회 등은 절주를 가르치고 있다. 절주할 수 없는 경우 금주하는 것이 마땅하다. 절제하기 힘든 음주문화의 역사를 가진 한국적인 환경에서는 금주하는 것이 유익할 것이다. 장로가 술을 즐기고 취하게 되면 세상으로부터 비난을 받을 뿐 아니라 교회에 덕이 되지 못하기 때문이다.

9. 장로는 "구타하지 아니 해야" 한다(딤전3:3).

이 말은 싸움을 좋아하지 않아야 한다는 뜻이다. 디도서 1:7에도 장로의 자격에 대해 이와 꼭같이 "구타하지 아니하며"라고 한다. 완력을 사용하여 남을 구타하는 사람은 성미가 까다롭고 화를 잘 내며 자제를 못한다. 이런 사람의 아내와 자녀들은 늘 불안과 공포 속에 살게 된다. 싸움에 쉽게 뛰어들어 폭력을 행사하는 사람은 양을 거칠게 다루고 해칠 수 있기 때문에 장로가 되어서는 안된다.

10. 장로는 "관용"해야 한다(딤전3:3).

관용은 참고 친절하며 너그러운 것을 가리킨다. 참음은 평화를 가져오는 중요한 원천이다. 그래서 바울은 빌립보 교인들에게 "너희 관용을 모든 사람에게 알게 하라"고 했다(4:2). 바울이 디도서에서 장로의 자격을 말하면서 "제 고집대로 하지 아니하며"(1:7)라고 했는데, 제 고집대로 하는 것은 관용과 정반대의 성품인 것이다. 이런 사람은 자기 뜻만 내세우고, 다른 사람의 의견은 별로 생각하지 않는 고로 집단생활에서 다른 사람들과 협력해 나가기 어렵다. 자기 고집을 피우며 늘 다른 사람과 맞서 싸우게 된다.

장로는 혼자가 아니라 여러 다른 장로들과 동역하는 직분이다. 그래서 상호 이해와 협력이 필수적이다. 관용의 사람은 다른 사람들과 다투지 않고 양보의 미덕을 나타낸다. 관용은 그리스도가 보여주신 아름다운 덕이었다. 그래서 바울은 고린도 교회에 "그리스도의 온유와 관용으로 친히 너희를 권하노니"라고 했다(고후 10:1). 장로는 관용성이 있어야 교인들을 상대로, 혹은 당회 안에서 평화를 유지하며 봉사할 수 있다.

11. 장로는 "다투지 않는" 사람이어야 한다(딤전3:3).

장로는 관용할 뿐 아니라 다투지 않는 온화한 성격을 가져야 한다. 가인이 자기 아우를 죽인 후 사람들은 서로 다투고 죽이기 시작했다(창4:5-8). 이것은 타락한 인간의 부패에서 비롯된 것이다. 거듭난 그리스도인은 "다투지 말며 관용하며 범사에 온유함을 모든 사람에게 나타내야" 한다(딛3:2).

하나님은 그의 백성이 분열하고 서로 다투는 것을 싫어하신다. 잠언 6:16-19에 "여화와의 미워하시는 것이 육칠 가지니 교만한 눈과 거짓된 혀와 무죄한 자의 피를 흘리는 손과 악한 계교를 꾀하는 마음과 빨리 악으로 달려가는 발과 거짓을 말하는 망령된 증인과 및 형제 사이를 이간하는 자니라"고 한다.

교회 안에서 형제 자매들끼리 서로 다투는 것은 교회를 무너지게 하는 일이다.

특별히 교회 지도자는 다투지 않아야 한다. 바울이 딤전2:34에 말한 대로 "마땅히 주의 종은 다투지 아니하고 모든 사람을 대하여 온유하며 가르치기를 잘하며 참을 수" 있어야 한다.

바울이 디도에게 장로의 자격을 말하면서 "급히 분내지 아니하며"라고 했다(딛1:7). 분을 낸다는 것은 다툼의 시작을 의미한다. 하나님의 집의 청지기는 빨리 분을 내서는 안된다. 야고보는 "사람의 성내는 것이 하나님의 의를 이루지 못한다"고 했다(약1:20). 솔로몬은 "노하는 자는 다툼을 일으키고 분하여 하는 자는 범죄함이 많으니라"고 했다(잠29:22). 급히 노하는 사람은 하나님의 집의 평안을 깨뜨리게 된다. 장로는 급히 노하고 다투는 사람이 되어서는 안된다.

12. 장로는 "돈을 사랑치 아니하는" 사람이어야 한다 (딤전3:3).

장로는 돈을 사랑하는 사람이어서는 안된다. 돈을 사랑하는 것은 탐욕에서 비롯된다. 디도서 1:7에서는 장로의 자격을 "더러운 이를 탐하지 아니하며"라고 한다. 이 말은 "돈을 사랑치 아니하며"라는 말과 본질적으로 같은 뜻이다. 사도 베드로는 장로들에게 "더러운 이를 위하여 하지 말라"고 했다(벧전5:2). "바리새인들은 돈을 좋아하는 자"들이었다(눅16:14). 바울은 "돈을 사랑함이 일만 악의 뿌리가 된다"고도 했다(딤전6:10). 그러므로 장로는 돈을 사랑하는 사람이 되어서는 안된다. 돈을 사랑하는 사람이 교회의 재정을 맡는 것은 위험하다. 이런 사람들은 주의 이름을 공적으로 부끄럽게 만드는 비윤리적인 금전거래의 죄를 범할 수 있다.

장로는 하나님이 주신 것으로 만족할 줄 아는 자라야 한다. 성경은 "돈을 사랑치 말고 있는 바를 족한 줄로 알라. 그가 친히 말씀하시기를 내가 과연 너희를 버리지 아니하고 과연 너희를 떠나지 아니하리라 하셨느니라"고 한다(히13:5). 바울은 이렇게 말한다; "우리가 세상에 아무것도 가지고 온 것이 없으매 또한 아무것도 가지고 가지 못하리니, 우리가 먹을 것과 입을 것이 있은즉 족한 줄로 알 것이니라. 부하려 하는 자들은 시험과 올무 여러 가지 어리석고 해로운 정욕에 떨어지나니 곧 사람으로 침륜과

멸망에 빠지게 하는 것이니라"(딤전6:7-9). 그러므로 장로가 될 사람은 있는 바를 만족한 줄로 알고 살면서 본을 보여줄 수 있어야 한다.

13. 장로는 "자기 집을 잘 다스려야" 한다(딤전3:4, 5).

장로는 하나님의 집을 다스리는 자이다. 그러자면 장로는 먼저 자기 집부터 잘 다스릴 줄 알아야 한다. 자기 집을 잘 다스리는지 판단할 수 있는 잣대는 그의 자녀들의 행동이다. 그래서 바울은 "자녀들로 모든 단정함으로 복종케 하는 자"라는 말로 설명하고 있다.

집의 머리인 아버지가 잘 다스리는 집에서는 그 자녀들이 어디서든지 지도와 권위에 복종한다. 디도서 1:6에서는 "방탕하다 하는 비방이나 불순종하는 일이 없는 믿는 자녀를 둔 자"이어야 한다고 말한다. 물론 세상에서 완전한 아버지도 완전한 자녀도 없다. 매우 경건한 부모도 자녀를 양육하는데 어려움이 있다. 그런데 장로가 될 사람은 적어도 자녀를 주의 교양과 훈계로 양육하는 객관적 증거를 보여줄 수 있는 사람이어야 한다.

여기서 말하는 자녀들은 아직 부모의 권위 아래 머물고 있는 자들을 가리킨다는 사실을 기억해야 한다. 교회에서 신앙고백을 하고 입교한 성년의 자녀들(18세 이상)이나, 이미 결혼하여 독립한 자녀들은 부모가 직접적인 책임을 질 수 없다. 저들은 이제 하나님 앞에서 서약한 대로 스스로 책임을 지고 살게 되는 것이다.

14. 장로는 "새로 입교한 자"여서는 안된다(딤전3:6).

새로 입교한 자는 믿음이 아직 어린 그리스도인이다. 뛰어난 지성인이거나 사회적으로 크게 인정 받는 자로서 교회생활을 열심히 한다고 할지라도 영적으로 성숙된 자는 아니다. 영적 성숙은 시간과 경험을 요하게 마련이다. 영적으로 어린 그리스도인은 사탄의 교활함에 이끌려 교만하기도 쉽다. 장로는 교회에서 상당한 권위가 뒤따르는 자리다. 새로 입교한 자는 교만의 시험을 이기기 어렵다.

성경은 "교만을 패망의 선봉"이라고 한다(잠16:18). 교만은 사탄이 가진 특성이다. 사탄은 에덴에서 하나님보다 더 잘 아는 것처럼 하와에게 나타나 "너희가 결코 죽지 아니하리라"고 했다(창3:4). 새로 입교한 자를 장로로 세우면 교만의 시험에 들기 쉬워 교회에 큰 해를 끼칠 수 있다. 그러므로 새로 입교한 자를 장로로 세우는 일은 극히 삼가해야 한다.

15. 장로는 "외인에게서도 선한 증거를 얻은 자"라야 한다(딤전3:7).

주 예수님은 그의 제자들에게 "너희는 세상의 빛"이라고 하시고 "너희 빛을 사람 앞에 비춰게 하여 저희로 너희 착한 행실을 보고 하늘에 계신 너희 아버지께 영광을 돌리게 하라"고 하셨다(마5:14-16). 주의 사도 바울은 빌립보 교회 성도들로 하여금 "너희가 흠이 없고 순전하여 어그러지고 거스리는 세대 가운데서 하나님의 흠없는 자녀로 세상에서 그들 가운데 빛들로 나타나라"고 했다(빌2:15). 베드로도 교회의 성도들에게 "너희가 이방인 중에서 행실을 선하게 가지라"고 했다(벧전2:12).

모든 신자들이 세상에서 선한 행실로 그리스도의 증인이 되어야 한다면, 교회의 지도자인 장로들은 더 이상 말할 나위가 없다. 복음의 효과적인 증거는 교회 지도자들의 생활과 언제나 밀접한 관계가 있다.

대부분의 장로 후보자들은 자영업이나 공기업에 종사하면서, 혹은 공무원 생활을 하며 불신자들과 매일 접촉한다. 그래서 세상 사람들은 그들의 성격이나 생활에 대하여 교인들보다 더 잘 알 수밖에 없다. 불신자들에게 정직하지 못한 사업가, 교활한 정치인, 혹은 여색하는 자로 세상에 알려진 사람이라면 결코 장로가 되어서는 안된다. 불신자 세계에서 좋지 못한 평판을 가진 사람이 장로가 된다면 교회가 세상의 비방을 받게 될 것이다. 그러므로 바울은 장로가 될 사람에 대해 "외인에게 선한 증거를 얻어야 한다"고 했다. 장로의 자격으로서 외인들의 선한 증거를 아주 중요한 조건으로 내세우고 있는 것이다. 불신 세계에서 선한 이름을 가진 자가 장로가 되어야 한다.

디도서 1:6-9에 언급된 장로의 자격을 살펴보면 딤전3:2-7에서 언급되지 않는 두 가지 덕목을 발견하게 된다. 이를 합하면 장로의 자격은 17가지가 된다.

16. 장로는 "의로운" 사람이어야 한다(딛1:8).

여기 의롭다고 번역된 말은 공의롭고 정직한 것을 의미한다. 이는 곧 하나님께서 생활의 표준으로 주신 법을 지키고 사는 것을 가리킨다. 장로가 될 사람은 원리의 사람으로 주의 교회를 위해 언제나 공의롭고 정직하게 하나님의 법을 따라 사는 사람이어야 한다.

17. 장로는 "거룩"해야 한다(딛1:8).

거룩은 구별된 것을 의미한다. 거룩하다는 것은 언제나 세상과 구별되게 하나님 편에 서서 하나님을 기쁘시게 하는 생활을 하는 것이다. 세상 문화와 환경은 수시로 변한다. 장로가 될 사람은 이런 변화에 동요하지 않고 신실하게 하나님의 말씀을 따라 한결같이 구별되게 삶으로써 교회 안팎에서 본을 보여야 한다.

당회는 장로후보를 내거나 임직하기 전에 사도 바울이 말한 이러한 자격을 신중히 고려해야 한다. 물론 누구도 여기 언급한 17가지 항목의 자격을 완전히 다 갖출 수는 없다. 그러나 당회와 교회는 가능한 한 이에 가장 근접한 사람을 장로로 세우기 위해 노력해야 한다. 장로는 하나님의 집을 맡아 돌봐야 하는 청지기로서 중대한 의무가 있기 때문이다.

물론 지금까지 언급한 장로의 덕목은 장로가 될 사람에게만 해당되는 것이 아니다. 이미 장로로 교회를 봉사하고 있는 사람도 이 같은 덕성을 늘 유지하기 위해 힘써야 한다. 장로는 이따금 이러한 덕목을 따라 사는지 자신의 모습을 점검해 볼 필요가 있다.

장로직분과 여권(여장로) 문제

08 Chapter

제8장

장로 직분과 여권(여장로) 문제

20세기가 되면서 기독교계에도 여권운동(feminism)이 일어나 그 영향으로 여러 교파의 교회들이 여장로와 여목사 제도를 도입하였다. 이것은 성경에 계시된 객관적 진리를 신앙과 생활의 절대표준으로 받아들이지 않는 자유주의 신학을 수용한 결과이다. 여장로 임직을 주장하는 사람들은 여성을 장로직에서 제외하는 것을 남녀 차별로 보며 과거 남성지배문화의 잔존물이라고 한다. 그들은 사도 바울이 남자만 장로로 세우고 또 그렇게 가르쳤던 것에 대해 여자를 남자보다 낮춰 보았던 그 시대의 가부장 문화의 영향에서 비롯되었다고 주장한다.

남녀의 본질적인 구별과 역할에 대한 바른 지식은 성경에서 찾아야 한다. 성경은 모든 문화를 초월한 영원한 진리를 계시해 주고 있기 때문이다. 성경은 "하나님이 자기 형상 곧 하나님의 형상대로 사람을 창조하시되 남자와 여자를 창조"하셨다고 한다(창1:27). 그러므로 남녀는 인격과 권위, 가치 면에서 동등하다. 그러나 남녀의 성적 역할은 구별되어야 한다는 사실을 기억해야 한다(창2:20-25). 성경의 교훈을 따라 남녀의 역할을 구별하는 것은 성 차별이 아니다. 남자와 여자는 선하신 하나님의 놀랍고 아름다운 걸작품이다. 하나님은 남녀 구별하여 각기 다른 기능을 주셔서 서로 채워주며 협력하게 하심으로써 가정과 교회, 사회를 건설해 나가게 하셨다.

1. 성경은 교회의 장로가 남성이어야 한다고 가르친다.

교회를 다스리고 가르치는 장로는 남자여야 한다. 이것은 인간이 자의적으로 만든 제도라면 잘못이다. 그러나 이 제도가 창조주 하나님의 지혜로운 계획과 뜻으로부터 온 것이면 남녀의 차별이 아니고, 가정과 교회와 사회를 위해 아름답고 유익한 것이다.

예수님은 남자들만 교회의 터를 놓는 사도로 불러 세우셨다. 이것을 빌미로 삼아 예수님을 남녀 차별하는 분으로 비난하거나 당시 남성 우월주의 문화의 지배를 받았다고 생각해서도 안된다. 그는 모든 일을 그릇되지 않게 하신 완전한 하나님의 아들이었다. 오늘날 여권주의자들은 교회 안에서 이런 생각에 반기를 들지만 예수님은 교회의 설립자요, 주가 되심으로 우리는 그의 가르침을 진리로 받아들이고, 그의 모범을 따라야 한다.

교회를 다스리고 지도하는 장로와 목사는 남자여야 한다는 원리는 우리의 신앙과 생활의 절대 표준인 성경의 교훈이다. 또한 장로교회의 교리표준인 웨스트민스터 신앙고백의 원리에서 얻을 수 있는 결론이기도 하다. 웨스트민스터 신앙고백은 "우리는 하나님을 예배함과 교회의 정치와 사람의 행동과 사회에 관한 여러 상황들은 항상 지켜야 하는 하나님의 말씀의 규칙을 따라 타고난 지성과 그리스도인의 분별력을 통해 정해져야 한다"고 한다.[51] 장로는 남성이어야 하는 성경적 원리를 다음과 같이 정리해 본다.[52]

1) 구주 예수가 남성이었다.

교회에서 남성의 지도적인 위치에 관한 최고의 본은 예수 그리스도이시다. 우리 구주 예수 그리스도는 하나님의 아들로 이 세상에 오셨다. 그가 남자로 오신 것은 성경적 원리에 따른 것이었다. 롬5:14에 "아담은 오실 자의 표상이라"고 했다. 그는 둘째 아담으로 하와가 아닌 아담의 원형이었다. 그래서 그는 꼭 남자여

---

51 Westminster Confession of Faith, 1:6
52 Alexander Strauch, Biblical Eldership, Lewis and Roth Publishers, 1995, pp.51-66 참고

야 했다. 하나님의 창조질서에 따르면 예수는 여자일 수 없다. 왜냐하면 남녀 관계에서 남자는 머리로서 권위를 행사할 수 있는 역할을 부여 받았기 때문이다(창2:20-23). 바울은 이렇게 말했다.

"남자의 머리는 그리스도요, 여자의 머리는 남자요, 그리스도의 머리는 하나님이시니라"(고전1:3).

예수 그리스도가 교회의 머리요, 왕 중 왕이며, 모든 교회 지도자들의 본이 된다.

2) 구주 예수는 남자만 사도로 부르셨다.

예수님은 이 세상에 오셔서 사역하시는 동안 열두 사람을 불러 사도로 세우셨는데, 이들은 모두 남성이었다. 성경에 여성 사도에 대한 흔적을 찾을 수 없다. 예수님은 열두 사도(제자)들을 선택하기 전에 온 밤을 아버지께 기도하셨다(눅6:12). 이는 완전한 아버지의 아들로서 그의 뜻을 완전히 이루어 드리기 위해서였다. 그 결과 열두 사도를 남성으로 택한 것은 하나님 아버지의 뜻이었다.

그럼에도 불구하고 어떤 사람들은 예수님이 남자만 사도로 택하신 것은 당시의 남성 우월주의 문화를 따랐기 때문이라고 한다. 예수님은 그 시대의 문화와 정신의 지배를 받는 분이 아니었다. 그는 오히려 그 시대의 정신을 따라 사는 랍비들의 전통을 범해 증오의 대상이 되었던 것이다.

예수님이 남성들만 사도로 선택하셨다고 해서 여성을 결코 차별하신 것은 아니었다. 예수님은 당시의 종교지도자들과는 달리 여자들의 인격을 귀하게 여기고 하나님 섬기는 일을 독려했다. 예수님은 그를 사랑하고 따르는 여성 제자들이 상당수가 있었음에도 불구하고 남성들만 사도로 세워 그의 교회의 터를 놓으신 것이다. 열두 사도의 수를 채우기 위해 가룟 유다 대신 다른 한 사람을 택할 때도 남자인 맛디아가 뽑혔다(행1:24-26).

3) 열두 사도들도 구주 예수님의 본을 따라 남성들만 직분자로 세웠다.

예루살렘 교회가 헬라파 유대인 과부들이 구제에 빠지는 일로 원망을 사게 되자 사도들은 공궤하는 일을 담당할 직분자의 필요성을 느끼고 교회로 하여금 일곱 사람을 택하여 세우게 했다. 이때 일곱 사람은 모두가 남성이었다(행6:1-6). 장로교회는 일반적으로 집사 직분의 기원을 여기서 찾고 있다. 바로 이 무렵부터 예루살렘 교회는 장로들을 세운 것으로 보인다. 그런데 거기 여장로가 있었다는 흔적은 어디에도 없다. 사도들이 세운 장로는 모두 남자였던 것이다(행11:30, 15:2, 4 등 참조).

4) 사도 바울이 신약 교회에 남성만을 장로로 세웠다.

예수님과 사도들이 취한 남성 지도자들의 전통은 신약교회에서 사도 바울에 의해 계승되었다. 사도 바울은 남녀의 역할이 집안(결혼생활)과 교회에서 원리적으로 같다는 사실을 가르치고 있다. 그는 먼저 남편이 인도하고 아내는 순복해야 한다고 명했다. 집안에서 남편의 주도권을 언급한 것이다. 그는 아내들에게 "남편에게 복종하기를 주께 하듯 하라"고 했다(엡5:22; 골3:18). 그가 이런 권고를 하는 근본 이유는 "남편이 아내의 머리됨이 그리스도께서 교회의 머리됨과 같다"는데 있었다(엡5:23). '머리' 라는 말은 권위와 지도를 상징하는 뜻이 있다.

바울은 부부관계가 그리스도와 그의 교회와의 관계를 생생하게 반영한 것이라고 말했다. 그는 결혼한 남편과 아내의 관계를 말한 후 "이 비밀이 크도다. 내가 그리스도와 교회에 대하여 말하노라"라고 했다(엡5:2). 남편과 아내의 관계는 사랑하고 순복하는, 바로 그리스도와 그의 교회와의 관계를 반영한다. 결혼생활에서 남편과 아내 사이의 머리와 순복의 관계는 결코 어떤 문화적인 영향으로부터 온 것이 아니라 하나님이 부부관계를 세우시면서 본질적으로 가르쳐 주신 것이다.

나아가 바울은 교회생활의 질서에 대해서도 가정과 교회의 관계와 유사하다고 설명한다. 가정에서 남편이 머리가 되는 것처럼, 하나님의 집에서도 남성이 머리가 된다는 것을 가르친다(딤전2:8-3:7). 가정(가족)은 교회의 기본 단위이다. 남자가 가정의 머리이기 때문에 하나님의 집인 교회에서도 남자가 장로로 다스리는 자가 되어야 한다는 것은 이상할 것이 없다(딤전3:15).

그런데 남성이 머리가 된다는 원리가 가정과 교회에서 여성의 능동적인 역할을 결코 부정하지 않는다. 초대교회의 경건한 여성도들이 주의 일을 하는데 매우 중요한 역할을 한 흔적을 많이 남긴 것만 봐도 그렇다. 바울이 복음전파의 사역을 하는 동안 그의 동역자들 중 상당수가 여성들이었다(롬16:1-15; 빌4:2, 3). 그러나 이들은 언제나 가정과 교회에서 남자가 머리됨을 범하지 않은 방법으로 각기 자기 역할을 행하였다.

여성이 장로가 될 수 없다는 사실은 딤전2:11-14이 분명하게 가르쳐 준다. 바울은 "여자의 가르치는 것과 남자를 주관하는 것을 허락지 아니하노니 오직 종용할찌니라"(12)고 함으로써 교회에서 여자들에게 가르치는 일과 권위를 행사하는 두 가지 일을 못하게 했다. 여기서 "여자의 가르치는 것을" 금한 것은 언제 어디서나 어떤 방법으로도 가르쳐서는 안된다는 절대적인 금령은 아니다. 바울은 디도에게 보낸 편지에서 늙은 여자들로 "젊은 여자들을 교훈"하도록 하라고 했다(딛2:3-5). 바울은 경건하고 복음을 사랑하는 여러 명의 여자들로부터 도움을 받으며 함께 복음을 전파했다. 그는 유오디아와 순디게에 대하여 "복음에 나와 함께 힘쓰던 부녀"라고 했다(빌4:2, 3; 롬16:3-4; 행18:2, 25). 저들은 바울이 복음을 전하는데 중요한 협조자들이었음이 분명하다. 그러므로 "여자의 가르치는 것"을 금한 것은 단지 하나님의 집인 교회에서 권위를 가지고 공적으로 남자들을 가르치는 일을 금한다는 뜻이다.

사도 바울은 여자가 교회에서 "잠잠"해야 한다는 것에 대해 하나님이 정하신 법이요, 명령이라고 했다(고전14:34, 35). "종용하라", "잠잠하라"는 것은 순복을 설명하는 구체적인 표현이다. 성경은 장로의 의무가 교회에서 공적인 권위를 가지고 "다스리고", "가르치는" 것이므로 여자는 장로가 될 수 없다고 분명히 말하고 있는 것이다(딤전5:17).

바울이 여자의 가르침과 남자를 주관하는 일을 금한데 대해 당시 에베소 교회 내에서도 오늘날처럼 받아들이기 어렵다고 생각한 자들이 있었던 것 같다. 당시 복음은 그리스도를 믿는 믿음 안에서 유대인이나 헬라인이나, 종이나 자유자나, 남자나 여자의 차별이 없다는 것을 선언했다(갈3:28). 이것은 지금껏 민족적 신분적 성적 차별을 받아오던 자들에게는 분명히 자유와 해방을 선언하는 복음이었다. 그러나 어떤 사람들은 이제 그리스도로 말미암아 남녀의 차별뿐 아니라, 남녀의 구별도 없어졌다고 오해하기도 했다.

그래서 바울은 창조 시의 질서와 타락의 원인에 대해 언급하면서 남녀의 역할의 구별을 분명하게 했다. 그는 "아담이 먼저 지음을 받고 하와가 그 후며, 아담이 꾀임을 보지 아니하고 여자가 꾀임을 보아 죄에 빠졌음이니라"고 했다(딤전2:13, 14).

여기서 바울은 먼저 하나님이 남녀를 동시에 창조하지 않은데 대해 큰 뜻이 있음을 가르쳐 주고 있다. 하나님은 남자를 만든 후에 여자를 만드셨으며, 여자는 남자로부터 남자를 "돕는 배필"로 만들어졌다. 그리고 하나님께서 그가 만든 여자를 남자에게 데려왔고, 남자는 "여자"라고 이름을 지어 불렀던 것이다(창2:20-23, 3:20; 고전11:8, 9). 물론 이 사실은 하와가 아담보다 낮다거나 열등하다는 것을 결코 의미하지는 않는다. 둘 다 하나님의 형상을 따라 지음을 받았고, 그의 완전성을 반영하는 동일한 인격의 소유자였다. 그러나 아담이 먼저 지음을 받았기 때문에 피조물을 다스리는 일에 대해서도 처음부터 그에게 종으로서의 지도적 책임이 주어졌다(창2:20).

다음으로 바울은 최초에 여자가 꾀임을 받았다는 사실을 통해 남녀관계의 역할에 큰 뜻이 있음을 가르치고 있다. 여기서 하와 이후 모든 여자들이 꾀임에 빠지기 쉬운 존재가 되었기 때문에 여자는 교회의 공적인 지도자가 되어서는 안된다는 뜻이 아니다. 여자보다 남자가 더 쉽게 꾀임을 받을 수도 있다. 여기에 담긴 뜻은 하와의 지도권에 문제가 생겼다는 뜻이다. 창조의 질서대로 하와는 아담의 지도를 받고 따라야 했으나 스스로 지도하는 자리에 나섬으로써 하나님의 뜻을 범했던 것이다. 하와는 "눈이 밝아 하나님과 같이 된다"는 시험을 받았다(창3:5, 6). 하나님이 의도하시지 않았던 지도권에 대해 욕심을 부렸던 것이 잘못이었다. 하와의 잘못된 역할의 결과로 자신에게 해산하는 고통과 모든 후

손에게는 사망의 고통을 초래했다(창3:16; 2:17). 이로써 바울은 창조의 질서를 따라 교회에서 남성의 지도자 역할을 강조한다.

바울은 디모데전서 2장에서 여자가 남자들을 가르치고 주관하는 일을 금한 후에(딤전2:8-15), 바로 3장에서 장로의 자격에 관하여 언급한다. 즉 장로(감독)는 "한 아내의 남편"이며, "가르치기를 잘하며", "자기 집을 잘 다스리는" 자라야 한다고 했다. 이는 곧 남자가 장로가 되어야 한다는 사실을 분명하게 가르치는 것이다(딤전3:2-4).

사도 베드로도 사도 바울과 같은 원리로 가르치고 있다. 그는 아내에 대해 그 남편과 함께 "생명의 은혜를 기업으로 누릴 동반자"요, 부부관계에 있어서는 순복하는 동반자라고 했다(벧전3:1-7).

사도들이 반복해서 남자의 지도적 위치와 여자의 순복을 가르치며 양자간에 역할의 차이가 있음을 분명히 하고 있음에도 불구하고 여권주의자들은 남녀 동권이라는 반쪽 진리만 주장하고, 역할의 차이를 부정하고 있다. 여권주의자들의 이런 주장을 수용함으로써 오늘날 가정과 교회생활은 심각한 결과를 초래하고 있다.

바울과 베드로, 두 사도는 꼭 같이 남자가 가정과 교회에서의 머리라는 진리를 강조하며 가르쳤다. 바울은 남자가 교회에서 머리됨에 대한 교리를 창조(고전11:8-9; 딤전2:13)와 타락(딤전2:14)과 그리스도의 교회에 대한 관계(엡5:22-24)에 기반을 두고 있으며, 베드로는 교회에서 남자의 머리됨에 대한 같은 가르침의 근거를 사라의 아브라함에 대한 순종에서 이끌어 냈다(벧전3:6; 창18:12).

2. 성경적 여권주의자들(Biblical feminists)이 범한 성경해석의 오류

오늘날 교회 안에서 남녀 평등사상을 기반으로 여성의 장로·목사 임직을 주장하는 여권주의자들은 이미 언급한대로 자유주의적 시각으로 성경에 접근한 것이 문제다. 그들은 성경이 기록된 시대의 문화적 산물이기 때문에 기록되어 있는 그대로 진리로 받아들일 수 없다고 한다. 특별히 그 시대는 가부장적인 남성 중심의 시대였기 때문에 가정에서 여자가 순복해야 한다는 가르침이나 교회에서 여자에게 활동을 제한하는 것은 오늘날 적용할 수 없다는 것이다. 성경에 기록된 내용 가운데 21세기 교회가 받아들일 수 없는 낡은 것이 있다고 하는 주장은 성경의 무오성을 부인하는 일이다.

이들은 지난 2000년 동안 교회가 믿고 고백해 온 성부·성자·성령 삼위 하나님에 대한 교리도 남성 중심의 신관이라고 하면서 못 마땅해 한다. 성부, 성자는 다 남성으로 표현하고 있기 때문에 수용하기 어렵다는 것이다. 얼마 전에 한국의 교회연합기관에서 '주기도'를 새로 번역하였는데, 여권을 주장하는 여신학자들이 하나님을 "아버지"라 부르고, "아버지의 이름", "아버지의 나라", "아버지의 뜻"으로 번역하는 것을 받아들일 수 없다고 선언한 적이 있다. "아버지"는 성경의 원문을 따라 바르게 번역한 것임을 신학자라면 누구나 잘 아는 사실이다. 그런데 여권주의 신학자들은 이것을 수용하지 않는 것이다. 저들은 남녀의 성을 포괄하는 하나님의 새 칭호를 원한다. 결국 교회 내 여권주의자들은 그들의 인본주의적인 여권의 이념을 따라 성경을 고쳐 새로 쓰려고 한다.

지난 해(2006) 미국 감독교회(Episcopal Church)에 여권주의자 여성으로서 첫 감독회장이 된 제퍼츠 스코리(Jefferts Schori) 감독은 회장으로서 행한 첫 설교에서 성자 예수님을 "우리들의 어머니"라고 부름으로써 논란을 일으켰다. 이 여감독이 예수를 어머니라 한 근거는 예수께서 우리를 새로운 피조물로 태어나게 하여 그의 자녀가 되게 했다는 것이다.[53] 그러나 성경에서 예수님은 아들(남자)로 이 세상에 오셨고(마1:21; 눅1:31, 32, 2:7, 23), 어머니라 불릴 수 있는 여성이 아니었다. 여권주의자들은 자신들의 인본주의적인 이념에 따라 성경을 읽고, 하나님 아버지의 뜻이 계시된 무오한 책으로 성경을 받아들이지 않는 것이다.

나아가 여권주의자들은 그리스도 안에서 남녀가 하나라는 이유로 가정과 교회에서 주어진 남녀의 역할을 부인하고 있다. 그

---

53 Jefferts Schori 감독은 그의 설교에서 이렇게 말했다: "Our mother Jesus gives birth to a new creation——and you and I are His children."

들은 성경에서 이 주장을 뒷받침할 수 있는 핵심적인 근거로 "너희는 유대인이나 헬라인이나 종이나 자주자나 남자나 여자 없이 다 그리스도 예수 안에서 하나이니라"(갈3:28)라는 말씀을 대며 호소한다. 그리스도의 구속의 결과로 남녀가 하나가 되었기 때문에 남자의 지도적 위치와 여자의 순복을 가르치는 옛 가르침은 더 이상 적용될 수 없다는 것이다. 그래서 여자가 남자에게 순복해야 한다고 말하는 모든 성경 구절들(고전11:14; 엡5; 골3:1; 딤전2; 딛2; 벧전3)은 문제가 있다며, 모두 갈3:28의 말씀을 통해 이해되어야 한다고 주장한다.

그러나 이에 대한 여권주의자들의 견해는 성경해석 원리 상 전혀 잘못 되었다. 성경해석의 원리는 성경 자체로 성경을 해석하는 것이다. 어느 한 구절의 뜻이 분명하지 않으면 보다 더 분명하게 말하는 다른 구절을 통해서 살피고 이해해야 한다.[54] 그리고 성경은 인간의 말로 기록된 하나님의 말씀이기 때문에 역사적·문자적·문법적으로 해석되어야 한다. 어느 한 구절도 그 문맥에서 떠나 해석하게 되면 큰 오류를 낳는다. 갈3:28은 문맥 상으로 볼 때 그리스도를 믿는 자가 누리게 되는 하나님과의 관계를 말하고 있지 인간 상호간의 관계를 말하고 있는 것이 아니다. 이 말씀의 요점은, 믿음으로 그리스도와 합하여 세례를 받은 자들은 율법의 행위를 떠나 유대인이나 헬라인이나 종족에 관계 없이,

---

54 웨스터민스터 신앙고백 1:9

종이나 자주자이나 사회적 신분에 관계 없이, 남자나 여자나 성에 관계 없이 하나님의 자녀들이 되고, 약속의 유업을 얻을 자들이 된다는 것이다(갈3:23-29). 그리스도 예수를 믿는 자들은 "남자나 여자 없이 다 그리스도 안에서 하나"라고 하는 것은 남녀 구별 없이 아브라함의 자손으로서 영원한 유업을 얻을 자녀들이 되었다는 뜻이지, 남녀의 구별이 없어졌다거나 남녀의 역할이 사라졌다는 것을 의미하지 않는다.

여권주의자들은 인본주의적인 이념을 따라 성경의 문맥을 떠나 본문의 뜻을 왜곡함으로써 시대정신에 민감한 많은 사람들을 오도하고 있다.

3. 여권을 수용한 교회들이 초래한 파괴적인 결과

성경을 배경 삼아 여권을 주장하는 자들은 같은 성경의 본문인 갈3:28에 호소하여 여장로, 여목사 제도의 도입을 주장할 뿐 아니라, 나아가 동성애(homosexuality)에 대한 권리를 주장하기까지 한다. 그들은 성경이 "남자나 여자 없이 다 그리스도 예수 안에서 하나"라고 하기 때문에 동성애를 수용해야 한다고 한다. 그리고 동성애를 금하는 모든 성경 구절들은 그 시대의 문화적 산물이기 때문에 이 말씀들 역시 갈3:28에 따라 이해해야 한다는 것이다.

결과적으로 여권운동가들의 주장을 수용하여 여장로와 여목사 제도를 도입한 교회들은 예외 없이 동성애를 죄로 인정하지 않고 하나님의 다른 은사로 보면서, 종내는 동성애자들을 직분에 임직하기 까지 한다. 나아가 이 교회들은 동성애자들의 "민사상 연합"(civil union?)을 위해 복을 빌어주고, 저들의 결혼도 합법적으로 인정해 준다. 이런 현실에 직면한 몇몇 교파 교회들의 예를 들어 본다.

1) 미 합중국장로교회(The Presbyterian Church of the U.S.A.)

미 합중국장로교회(The Presbyterian Church of the U.S.A.)는 1884년 한국에 선교를 시작한 후 한국장로교회 역사에 큰 영향을 끼쳤다. 미국에서 개신교회 중 가장 큰 교파 중 하나(약 11,200 교회 250만 성도)로 알려져 있는데, 여러 해 논의해 오던 여장로 제도를 1930년에 도입했다. 이것은 당시 교회 안에 보수주의(근본주의)에 대한 자유주의의 승리를 의미한 것이었다.[55]

1930년은 정통신학자 메첸(Gresham Machen) 박사가 프린스턴 신학교(Princeton Seminary)를 떠나 웨스트민스터 신학교(Westminster Seminary, 1929년 9월 25일 개교)를 세운 바로

---

[55] Celebrating Our Call, Ordination Stories of Presbyterian Women, Geneva Press, Read Chapter 7, "Headlines of the Struggle" by Barbara A. Roche, pp. 62-77.

다음 해였다. 프린스턴 신학교는 100년 이상 정통 장로교 신학을 지켜왔던 북장로교회의 신학교였으나 1929년 자유주의 세력에 의해 개편되었던 것이다. 신학의 자유화는 교회의 신앙과 생활의 변질을 초래하기 마련이다. 이 교회에 여장로 제도의 도입은 머지않아 여목사 제도의 도입을 예고하는 것이었다.

그러나 당시 미국은 경제적 대공황에 직면한데다 제2차세계대전까지 발발해 여목사제도의 도입은 유야무야되고 말았다. 그때 기회를 놓친 뒤 25년을 더 기다려야만 했다. 제2차 세계대전이 끝난 후인 1956년 비로소 여목사 제도를 받아들인 것이다.

그리스도 안에서 남자와 여자는 하나라는 원리를 구실로 여장로, 여목사를 받아들인 교회가 같은 원리로 남남녀녀의 동성애를 인정하게 된다는 것은 자연스런 결과일 수밖에 없다. 1970년대 미국 사회와 교회에서 동성애가 문제되었을 때, 이 교회는 1978년 총회에서 동성애자들(gays and lesbians)을 공식적으로 받아들이기로 결의하고 교회 내에서 그들에 대해 차별하지 말도록 경고했다.

동성애를 공식적으로 인정하고 받아들인 후 이 교회는 다음 단계로 동성애자들을 장로와 목사로 세우게 된다. 2006년 총회는 2001년에 임명한 '신학전문위원회(Theological Task Forces)'의 연구보고서를 받았다. 이 보고서는 기존의 교회법을 지키면서 형편에 따라 여유를 주겠다는 내용이었다. 장로와 목사가 되기를 원하는 후보자가 독신으로 지내거나 이성과 결혼하는 것이 표준임을 강조하면서 예외를 둠으로써 유연성을 보인 것이다. 곧 후보자가 동성애자인 경우에는 그 지역 치리회가 판단하여 할 수 있다고 함으로써 동성애자들의 임직을 법적으로 개방한 것이다. 결과적으로 이제 이 교회에서는 "한 아내의 남편"이 아닌 동성애자도 장로나 목사가 되는 길이 열렸다.

동성애를 공적으로 인정하게 되면서 나아가 동성간의 동거와 결혼도 인정하는 결과를 초래했다. 2006년 이 교회에 속한 여목사 자네트 에드워드(Jannet Edwards)는 여성 동성애자들의 결혼을 주례했다.[56] 이 여목사는 자신이 18세기 미국 대각성운동의 핵심인물인 요나단 에드워드(Jonathan Edwards, 1703-1758)의 6대째 손녀임을 밝히면서 조부의 뒤를 따라 동성애자들에게 주례한다고 했다. 그녀의 조부는 당대에 야만인으로 취급받았던 미 원주민들(Mohicans)에게 차별하지 않고 큰 덕을 베풀었다는 것이다. 자신이 동성애자들에게 행한 일을 그의 조부가 미국 원주민들에게 행했던 일과 같은 일로 본 것이다.

이 여목사의 동성애자 주례 문제가 곧 그 지역노회에서 안건으로 다뤄졌다. 그런데 해당지역 노회(the Presbytery of the Redwoods)는 동성애자 결혼의 주례행위를 긍정적으로 보고 "목사들은 그들의 양심에 따라 할 것이라"는 결론을 내렸다. 이제 이 교파 교회에서 동성애를 수용한 목사들은 자기의 양심대로 동성

---

56 Christianity Today, May, 2006

결혼의 주례를 설 수 있게 됐다. 그러나 이것은 하나님이 세우신 한 남자와 한 여자 사이에 이루어지는 결혼제도를 무시한 일로서(창2:24), 부모와 자녀로 형성되는 성경적인 가정의 정의를 뒤엎어버리는 결과가 되었다.

2) 캐나다 연합교회(United Church of Canada)

캐나다 연합교회(United Church of Canada)는 1925년 캐나다의 장로교회, 감리교회, 회중교회가 연합하여 이루어졌으며, 현재 캐나다 기독교계에서 가장 큰 교파(약 70만 교인)로서 진보적 자유주의 노선을 걷는 교회로 잘 알려져 있다. 이 교회는 통합되기 전(장로교시대) 한국에 선교사들을 파송하였고, 통합된 후에도 한국 장로교회와 관계를 가지고 함경도 지역을 중심으로 선교를 했다. 그런데 이 교회에 속한 선교사들의 대부분은 자유주의 신학사상에 젖어 있었다. 따라서 이들은 일찍부터 한국 장로교회 안에 자유주의 신학을 보급하는데 앞장섰다.

특히 이 교회의 파송을 받은 선교사 서고도(W. Scott)는 이미 1926년 함경도 함흥에 있는 성경학교에서 성경을 가르치면서 문제를 일으킨 적이 있다. 성경에는 역사적 과학적 오류가 있다고 공개적으로 말한 것이다. 그런데도 그는 한국장로교회 안에서 별다른 저항을 받지 않았다. 그는 자유주의 신학자 김재준과 늘 협력했는데, 1953년 조선신학측(한신)이 분립해 나갈 때도 함께 행동했다.

　장로교회가 감리교회와 통합한다는 것은 칼빈주의 신학을 포기하고 신학의 다양성을 수용한다는 것을 의미한다. 결국 이 교회가 자유주의 신학을 수용한 후 속화되어 나가는 속도는 미 북장로교회보다 더욱 빨랐다. 이 교회는 통합된지 10년이 지난 1936년 총회에서 여장로와 여목사 제도를 단번에 받아들였다. 현재(2007) 이 교회에는 약 800명의 여목사가 있다. 1988년 총회에서는 장로 목사를 임직하는데 이성애나 동성애가 장애가 될 수 없다며 몇 년 동안 논란이 되었던 문제를 총대 3분의 2의 찬성으로 통과시켰다. 이렇게 되자 보수적인 교인들을 중심으로 상당히 동요가 일어나 교회를 떠나기도 하고 분열되는 지역교회도 있었으나 차츰 불만의 소리는 잦아들었다.

　2000년 총회에서는 이성애나 동성애가 다 하나님께서 주신 은사일 뿐 아니라 다양하게 창조하신 것 중의 한 부분이라고 결론지었다. 따라서 동성애자들의 결혼을 인정하게 되었고, 목사가 그들의 결혼을 위해 주례도 할 수 있게 했다. 이제 이 교회는 세상의 정부보다 먼저 인권과 사회정의를 앞세워 동성애자들의 결혼을 공적으로 인정한 것이다. 그 후 정부로 하여금 동성애자들을 위한 입법운동도 앞장서게 되었다.

　2003년 마침내 이 교단 총회는 캐나다 정부에 동성애자들의 결혼 인정을 요구하는 법을 제정하도록 청원하기로 결의했다. 2005년 2월 캐나다 정부는 이 청원을 받아들여 동성애자들의 결혼문제를 입법, 발의했다. 이를 지켜보던 교회는 정부에 축하의 뜻을 전하면서 동성애자 결혼에 대한 논의에 있어서 양자가 다 덕을 얻는 해결(win-win solution)이라며 자축했다.

이것이 캐나다에서 가장 큰 개신교회인 '연합교회'의 오늘의 실상이다. 이런 결과로 캐나다에 있는 모든 교회들은 동성애자이든, 종교적 신앙이 서로 전혀 다른 상대이든, 이혼한 부부이든 종교적인 결혼예식을 스스로 집행할 권한을 가지게 되었다.

3) 호주연합교회(Uniting Church of Australia)

호주연합교회(Uniting Church of Australia)도 캐나다 연합교회와 꼭 같은 케이스로서 시기만 다르다. 1977년 장로교회, 감리교회, 회중교회가 통합하여 새롭게 출발한 교회가 호주연합교회인 것이다. 이 통합은 신학의 포용성을 의미하는 것이므로 장로교회의 입장에서는 자연히 칼빈주의 신학 노선의 포기를 의미했다.

이 교회의 총회는 통합 10주년을 맞는 1987년 동성애가 죄가 되지 않는다고 결론 짓고, 동성애자들을 공적으로 받아들였다. 이어서 2003년 총회는 동성애자들을 장로와 목사로 세우는 문제에 대해 각 노회의 재량에 맡겼다. 이에 대해 교회 내에서 보수주의자들로부터 불만이 제기되고 있으나 대세를 쥔 신학적 자유주의자들의 기세에 눌려 미미한 소리로 들릴 뿐이다.

4) 영국교회(Anglican Church, 혹은 The Church of England)

영국교회(Anglican Church, 혹은 The Church of England)는 영국을 중심으로 세계 여러 나라에 독립된 형태의 교회들로 이뤄져 있다. 개신교에 속하는 세계적인 교회라 할 수 있다. 한국에서는 "성공회"라 불리고 있고, 미국에서는 "감독교회(Episcopal Church)"라 불린다. 이 교회는 로마교회의 전통을 따라 원래 감독정치를 하는 교회로서 여성을 사제로 세우는데 대해 오랫동안 부정적인 입장을 지켜왔다. 최근 이 교회 안에서 여권주의 운동은 나라마다 다르기는 하지만 다른 어느 교회보다 더욱 강하게 일고 있다. 물론 이것은 그 교회 안에 지배적인 자유주의 신학의 영향 때문이다.

영국에 있는 교회가 1992년부터 여사제를 세우기 시작했다. 현재 이 교회 안에 여섯 사제 중 한 사람이 여사제이다. 그런데 이 교회는 감독의 보조자로 여기는 일반 사제(priest)의 여성 임직은 쉽게 수용했지만, 사도직을 승계해야 하는 감독을 여성으로 세우는 일에는 오랫동안 부정적 입장을 취해 왔다. 그러나 여성에게 사제가 되는 길을 터준 이상 여감독 임직을 못하게 막을 수만도 없었다. 세계 38개 지역의 지교회들 가운데 14개 교회가 차츰 여감독제도를 독자적으로 도입한 것이다. 2006년 7월 마침내 영국에 있는 교회의 총회도 여감독제도를 수용하게 되었다.

이 교회가 여성을 사제와 감독으로 받아들이게 되자 앞서 소개한 다른 교회들과 꼭 같이 필연적으로 따라온 것이 동성애의 수용이었다. 현재 이 교회는 동성애를 용납하고 있으며, 이에 대해 교회의 수장인 캔터베리 대감독(로완 윌리엄스, Rowan Williams)조차 좋게 여기고 있다. 그는 2003년 동성애자인 신학자 사제(제프리 존, Jeffery John)가 한 교구(리딩, Reading)의 감독으로 추천을 받았을 때 이를 개인적으로 지지했으나 반대여론에 밀려 받아들이지는 않았다. 그 동성애자 목사는 사우스와크 대성당의 주임사제로서 2003년 '영속적, 신실한, 안정된 관계(Permanent, Faithful, Stable)'라는 책을 펴내 동성애에 대해 영속적이고, 서로에게 신실하고, 안정적이면 이성간의 결혼관계와 같이 보아야 한다고 주장했다. 그는 감독 취임이 좌절된 후 2004년 성 알반스(St. Albans)의 사제장으로 임명되었다. 그후 2년만인 2006년 7월 알반스 시 호적사무소에 그의 동성애 상대인 병원 원목(그랜트 홀름스 목사, Rev. Grant Holms)과 시민적 동반자(civil partnership)로 등록을 했다. 사실상 두 목사가 결혼 등록을 한 셈이다.

미국의 감독교회(Episcopal Church)는 영국의 모(母)교회보다 17년 앞선 1989년 여감독제도를 도입하였다. 미국 감독교회가 영국교회보다 훨씬 더 진보적이었던 셈이다. 2006년 미국 감독교회는 여감독 캐서린 제퍼츠 스코리(Katherine Jefferts Schori)를 처음으로 감독회장에 선출하기 까지 했다. 스코리 감독회장은 기독교 여권주의자 중 가장 주도적인 편에 속한다. 이미 언급한 대로 그녀는 처음으로 예수님을 어머니로 불렀던 그리스도인 감독이었다. 그녀는 예수님을 남성으로 보려고 하지 않았던 것이다. 나아가, 이 여감독은 동성애는 죄가 아니고, 하나님께서 동성끼리 사랑하도록 지으신 결과라고 말했다. 이런 견해를 미 감독교회가 일반적으로 받아들이고 있다. 이 교회는 2003년 남성끼리 오랫동안 동거해온 동성애자(진 로빈슨, Gene Robinson)를 뉴 햄프셔(New Hampshire)의 감독으로 선택했다.

교회가 성경의 분명한 가르침을 거스려 여권을 수용한 결과가 성도들의 신앙과 생활에 미친 영향은 엄청나다. 여목사·여장로 제도를 도입한 후에는 동성애를 수용하는 것이 자연스런 수순이 되었다. 여권주의자들은 동성애가 죄로 말미암은 인간의 부패성에서 비롯된 것이 아니고 하나님이 주신 다른 은사라고 하면서 성경이 말한 "부끄러운 일"(롬1:26, 27)이라는 것을 부인한다. 따라서 동성동거, 동성결혼을 이성결혼과 똑같이 여기는 것이다. 여권주의자들은 한 남자와 한 여자의 연합인 결혼과 그 사이에서 출산하는 자녀로 이루어지는 성경적인 가정의 개념을 무너뜨리고 있다. 성경을 왜곡하고 불신하게 하는 인본주의적인 이념인 것이다.

동성애를 법적으로 인정하는 나라에서는 이들에게 입양을 차츰 허락하고 있다. 동성 결혼한 자들에게 입양된 어린이들은 두 아버지, 혹은 두 어머니 아래 자라게 되는 것이다. 이것은 가정이라 불릴 수 없다. 건전한 가정이 없는 곳에 건전한 사회가 있을 수 없다. 여권주의자들과 이들의 이념을 수용하는 교회는 결과적으로 가정과 교회, 사회를 허무는 죄를 범하고 있는 것이다.

4. 한국 장로교회와 여장로

우리 나라의 장로교회에서도 오래 전부터 여장로제를 도입하는 문제를 놓고 논의해왔다. 한국에 처음 선교사를 보냈고(1884), 교회생활에 가장 많은 영향을 끼쳤던 미 북장로교회(지금의 미 합중국장로교회)가 이미 언급한 대로 1930년 여장로제도를 도입했다. 이것은 한국교회에 바로 영향을 끼쳤다. 경안노회는 1932년 총회에 미국 북장로교회의 여장로 임직에 대한 질의를 했다. "어느 성경에 근거하였으며 동일한 신조 아래 있는 우리는 왜 달리 해석하느냐"고 문의했는데, 이에 대해 총회는 정치부를 통해 "우리 조선장로교는 본 정치에 의하여" 장로를 세울 수 없다고 단순한 답변을 하였다.

그런데 실제 이 여권운동은 같은 자유주의 신학을 수용한 '캐나다 연합교회(United Church of Canada)'의 영향을 받은 함경도 지역에서 먼저 일어났다. 앞서 소개한 대로 이 연합교회는 1925년 장로교회와 감리교회, 회중교회가 합하여 이루어진 교회였다. 이 교회의 파송을 받은 선교사들의 선교지역이 함경도였다. 이들 가운데 맥도날드(D.A. Macdonald) 선교사는 1926년 기독신보에 '사회문제에 대한 기독교의 태도를 재고함'이란 글을 실어 여권신장을 강조했다.[57] 또한 같은 해 같은 선교회에 속한 선교사 서고도(William Scott)는 성경에 역사적 과학적 오류가 있다고 공개적으로 가르쳐 문제를 야기하기도 했다.[58] 이들의 선교 관할지인 함북노회는 1929년 여전도사에게 강도권을 허락해 달라고 총회에 헌의하였다가 거절당했다. 1933년 함흥의 최영혜 외 105명이 서명하여 "여자로서 교회 치리하는 권한부여"를 요청하는 청원서를 함남노회를 경유하여 총회에 제출했다.[59] 총회는 또 다시 이 요청을 거절했다.

이에 함북 성진교회에 시무하던 김춘배 목사가 1934년 총회 직전에 '장로교회에 올리는 말씀'이라는 공개서한을 발표하면서 파문을 일으켰다. 김 목사는 이 서한에서 바울이 가르친 "여자는 조용하여라. 여자는 가르치지 말라"는 것은 "2천년 전 한 지방의 교훈과 풍속"에 불과하고 만고불변의 진리가 아니라는 문화론적인 해석을 통해 지난 총회의 여권에 대한 부정적 결의에 도전했다.[60] 그러나 그는 다음 총회에서 대세를 이룬 보수주의자들로부터 정죄를 받게 되자 자세를 낮추어 형식상 자신의 견해를 취소하였다.

이처럼 미 북장로교회와 캐나다 연합교회로부터 자유주의 신

---

57 기독신보, 1526.1.20일자
58 김양선, 한국기독교해방10년사, pp.186-188
59 대한예수교장로회 총회, 제22회 회록, 1933, pp.65
60 김춘배, 장로교 총회에 올리는 말씀, 기독신보, 1934.8.22

학의 영향을 받게 되자 1920년대 말 한국교회도 여장로를 세워야 한다는 여권운동이 일어난 것이다. 그러나 1930년대 후반에 이르러 한국교회가 일제로부터 신사참배를 강요 받고 수난기를 맞으면서 여권운동은 위축되어 이에 대한 논의조차 할 여유를 갖지 못했다.

그런데 1945년 일제로부터 해방되면서 사회적으로 일기 시작한 남녀동권운동의 영향으로 교회에도 여권운동이 다시 일어났다. 1946년 5월 12일 해방 후 처음으로 소위 '대한예수교장로회 남부총회'가 모였다. 이때 제기된 중요한 문제 중의 하나가 여장로직 제도의 수용건이었다. 이것이 그리 놀랄 만한 문제가 아니었던 것은 당시 총회가 신학적으로 자유주의적이었던 지도자들에 의해 주도되고 있었기 때문이다. 1938년 평양 장로회신학교가 신사참배를 반대하며 저항하다가 폐교당한 후 일제의 정책에 순복하면서 자유주의 신학를 가르쳐 왔던 '조선신학교'가 이때 열린 남부총회를 통해 총회 직영신학교로 결정됐다. 그러나 여장로 제도를 도입하는 문제는 서두르지 않기로 했다. 남북이 갈라져 있었고, 해방 후 아직 교회생활이 정착되지 않았기 때문이었다. 그래서 남부총회는 "여자 장로직의 설정 문제는 남북통일 총회 시까지 보류한다"라고 결의했다.[61]

그 후 약 10년 동안은 한국 장로교회에서 여장로 문제가 크게

---

61 김양선, op.c, p.52

부각되지 않았다. 1946년 부산에서 한국교회의 개혁과 재건을 부르짖으며 개교한 고려신학교와 이 학교를 지원하는 경남노회의 처리문제, 자유주의 신학을 옹호하는 조선신학계와 정통신학을 추구하는 총회신학계 간의 교권투쟁에 밀려난 것이었다.

드디어 한국장로교회에 여장로제도가 별 어려움 없이 도입될 수 있는 기회가 왔다. 자유주의적인 조선신학교계 교회가 1953년 6월 보수신학을 추구하는 총회신학교계로부터 분리해나가 '대한기독교장로회'라는 한 교파를 구성한 것이 하나의 계기가 된 것이다. 이제 자유주의의 기장 총회는 신학적으로 여장로 제도의 도입에 걸림돌이 될 어떤 저항세력도 없었다. 그 결과 대한기독교장로회를 창립한지 3년만인 1956년 여장로제도를 도입하게 되었다. 그런데 처음 기대했던 것과는 달리 실제로 여장로를 세우는 일은 쉽지 않았던 것으로 보인다. 그 제도를 도입한지 50년이 넘은 2007년 현재까지 전국에 230여명의 여장로를 세웠을 뿐이기 때문이다. 기장교회는 여장로제도를 수용한지 20년이 되는 1974년에 여목사제도를 도입하였다.

한국의 장로교파 가운데 기장을 이어 여장로제도를 도입한 교회가 '대한예수교장로회 통합측'이다. 이 교회는 흔히 '신학은 진보 생활은 보수'라고 즐겨 말한다. 신학은 진보라는 말대로 여장로제도를 수용하는 것은 시간문제였다. 통합측 총회는 기장측과 달리 여장로·여목사 제도를 함께 다루었다. 1994년 통합측 총회는 여성안수 헌의안을 받아들이고, 1995년 여성안수 법제화를 공포하여, 1996년 여장로와 여목사를 동시에 배출하게 되었다. 여기서 여성임직의 도입 속도는 그 교단의 자유주의 신학의 진전 속도와 정비례한다는 것을 알 수 있다. 통합측 교회가 기장측 교회보다 여성 임직이 약 20년 뒤졌다는 것은 자유주의 신학의 진전 속도가 그 만큼 느렸다는 뜻이다. 통합측 장로교회는 그 후 약 10년 동안 여장로 약 200여명, 여목사 450여명을 세우게 되었다. 5천 교회가 넘는 교파인데도 이 정도 밖에 임직하지 못했다는 사실은 이 제도가 실제로 통합측 교회에도 수용되기 쉽지는 않다는 것을 보여주는 것이다.

그 외 최근(2006) 다른 장로교파들(대신 등) 중에서도 여장로제도 도입 문제가 제기되고 있다는 보도가 있다. 여장로·여목사 제도를 도입하게 되면 함께 맞물려 돌아가는 자유주의 신학까지 동시에 수용하는 결과를 낳는다.

앞서 성경의 특수한 장절을 배격한 여권주의자들의 주장을 받아들인 교회들이 자초한 파괴적 현실에 대해 언급하였다. 한국은 보수적인 분위기에서 아직 동성애가 표면화되거나 사회적인 큰 문제로 대두되지 않고 있다. 그러나 급속하게 발전하고 변화하는 기술과 생활환경에 따라 동성애도 곧 노출되고 사회문제화될 것이 틀림 없다. 그때가 이르면 언제나 사회정의를 내세우고 차별대우 철폐를 부르짖는 진보주의 신학의 교회들이 동성애자들의 권리 옹호를 위해 나설 것이고, 그들의 결혼도 수용하게 될 것이다. 지금은 꿈 같이 들리겠지만 얼마든지 가능한 이야기이다. 이 같은 현상은 세계 자유주의 신학의 지배를 받아온 교회의 역사이기 때문이다. 한국교회라 해서 다르지 않을 것이다. 다만 시간문제일 뿐이다. 시편 기자는 "터가 무너지면 의인이 무엇을 할꼬"라고 했다(시11:3). 터가 무너지면 집은 무너지고야 만다. 교회의 지도자들은 늦기 전에 지금부터 흔들리지 않는 터 위에 집을 세우도록 최선을 다해야 한다. 터는 사도들과 선지자들을 통해 주신 말씀이다(엡2:20). 시류의 사상에 흔들리지 않고 말씀을 따라 사는 자들이 집을 반석 같은 터 위에 세우는 지혜로운 사람들이다(마7:24).

장로의 선택과 임직 09 Chapter

제 9 장

장로의 선택과 임직

1. 장로의 선택

성경은 사도시대의 교회에 장로들이 어떤 방법으로 세워졌는지에 관하여 분명하게 알려주고 있지 않다. 일찍이 예루살렘 교회에 장로들이 있었지만(행11:30) 그 내력에 관하여서는 침묵하고 있다.

그런데 바울이 제 1차 선교여행을 마치고 돌아오는 길에 그가 복음을 전해 세운 교회들을 다시 방문하고 "각 교회에 장로들을 택하여" 세웠다는 기록이 있다(행14:23). 이것이 예루살렘 교회 밖에서 이루어진 첫 번째의 교회조직에 대한 기록이다.

그렇지만 이 기록에서도 어떤 절차를 통해 장로를 세웠는지에 대해서는 아무 단서를 발견하지 못한다. 그 이유는 여기 우리 말로 "택하여"라고 번역된 헬라어는 사실상 "임명" 혹은 "지명"을 뜻하는 말이기 때문이다(cherotoneo). 그래서 영어로 번역된 성경은 일반적으로 "임명했다(appointed-KJV. NIV)"로 번역되고 있다. 바울이 디도에게 쓴 편지에서 그를 그레데에 떨어뜨려 둔 이유는 "각 성에 장로들을 세우게 하려함"이라고 했다. 여기 사용된 "세운다"는 헬라어도 어떤 사람을 공직에 임명한다는 뜻을 나타내는 말이다(kathistemi).

그러면 사도가 성도들 중에서 어떤 과정을 통해 장로들을 임명했는지 궁금해진다. 성경은 다른 곳에서도 직분을 세운 과정을 알려주고 있어서 위의 임명과정을 이와 연관하여 생각할 수 있다.

사도행전 6장에 열두 사도들이 성도의 무리 중에 일곱 사람을 세워 과부들의 구제 사역을 맡긴 예가 있다. 이때 사도들은 예루살렘 교회의 성도들에게 "형제들아 너희 가운데서 성령과 지혜가 충만하여 칭찬받는 사람 일곱을 택하라"고 했다(행6:3). 그 결과 무리가 일곱을 "택하여 사도들 앞에 세우니 사도들이 기도하고 그들에게 안수"하였다고 한다(행6:5, 6). 이것은 교회의 직분을 세우는 과정에서 교회의 회중이 중요한 역할을 했다는 사실을 보여 준다. 교회의 회중은 다 성령의 내주하시는 은혜를 입고, "왕 같은 제사장들이요 거룩한 나라"(벧전2:9)이다. 그러므로 교회의 회중은 하나님의 뜻을 분별하고, 직분의 선택에 가담할 자격을 가지고 있는 것이다.

장로교회는 일반적으로 이 원리를 따라 당회(장로들의 회)가 장로 후보자들을 회중 앞에 제시하여, 회중이 투표를 통해 선택하게 한다. 개혁교회는 장로의 수를 보충할 필요가 있을 때, 당회가 몇 주간 여유를 갖고 미리 교회에 광고하여 회중에게 후보자 추천을 요청한다. 당회는 들어온 추천서들을 참고하여 필요한 장로 수의 배수를 선택해 공동의회에 공천하여 투표하게 된다.

그렇지만 회중이 직분자를 선택하는 일에 참여한다고 해서 정치적 민주주의의 개념으로 이해되어서는 안된다. 회중은 성령의 내주하시는 은혜를 입어 신령한 일에 분별력을 갖고 어떤 사람이 주의 교회를 위해 봉사할 자격이 있는지 판단할 뿐이다. 그래서 주님께서는 교회를 위한 그의 종을 불러 세우는데 있어서 회중을 방편으로 사용하시는 것이다(행1:23-26).

그러므로 택함을 받고 임직된 장로는 결코 회중의 뜻을 따라 봉사하는 회중의 대표자가 아니다. 장로는 그의 직분적 권위를 회중으로부터 받은 것이 아니고, 교회의 주요 왕이신 그리스도로부터 받은 것이다. 그래서 장로는 자기를 불러주신 주 예수 그리스도의 권위 아래 그의 뜻을 받드는 종이 되어야 한다.

2. 장로의 임직과 안수 문제

장로로 선택을 받고 노회의 시험을 통과한 후에는 교회에서 임직의식을 통해 취임하게 된다. 그런데 성경은 이 임직식에 대해서 장엄한 의식으로 치러야 한다고 가르치고 있지 않으며, 어떤 신비한 뜻을 부여하고 있지도 않다. 그런데 로마 카톨릭교회나 감독교회는 임직의식을 통해 그 성직에 필요한 모든 직분적 은사가 전달되는 것으로 믿는다. 그러기에 로마교회는 임직을 성례 중 하나로 보고 장엄한 의식을 거행한다. 그러나 성경은 직분을 세우기 위한 어떤 의식에 대한 언급도 없으며, 단지 '임명'이라는 말만 하고 있을 뿐이다.

성경은 단지 장로들이 안수와 기도로 임직했다는 사실을 알려주고 있다. 사도 바울은 안수를 직분에 임명하는 것과 같은 뜻으로 말한다. 그는 딤전5:22에 장로 임명에 관하여 언급하면서 "아무에게나 경솔히 안수하지 말라"고 했다. 행14:23의 '임명'(우리 번역은 '택하여')이란 말을 행6장에 나타난 일곱 사람을 택하여 세운 일과 연관지어 생각한다면 바울과 바나바는 교회 회중이 장로로 택한 사람들을 안수와 기도를 통해 세웠을 것으로 보인다.

여기서 안수에 관하여 생각해 볼 필요가 있다. 당시 안수는 여러 경우에 빈번하게 사용되었으며, 사도들은 이에 대해 특별히 신비한 뜻을 부여하지 않았던 것으로 보인다. 그러나 오늘날 한국교회가 안수에 대해 지나치게 의미를 부여하고 있다

안수는 구약시대부터 사용되어 온 하나의 상징적인 관행이었다. 제사장이 하나님께 드리는 제물이었던 짐승에게 안수했는데, 제물을 드리는 자들의 죄가 그 짐승에게 전가되는 것을 상징했다

(레3:2, 8, 4:29, 33, 16:21, 24:14; 민8:12). 하나님은 여호수아를 모세의 후계자로 세울 때에도 모세로 하여금 안수하게 함으로써 지도자의 직분이 그에게 계승된다는 것을 상징적으로 나타내게 하셨다(민27:18).

그러나 신약시대에 안수는 여러 경우에 사용되었다.

첫째, 예수님이 어린아이들에게 복을 비실 때 안수하셨다(마19:15, 막10:16).

둘째, 병자를 고칠 때 사용되었다(막16:18). 바울이 멜리데 섬에서 열병과 이질에 걸렸던 보블리오의 부친을 위해 기도하며 그에게 안수하니 병이 나았다(행28:7, 8).

셋째, 성령의 은사가 임할 때 사용되었다(행8:17). 바울이 에베소에서 전도할 때 요한의 세례만 받은 자들에게 주 예수의 이름으로 세례를 주고 안수하니 성령이 그들에게 임하였다(행19:5-7).

넷째, 교회의 직분자들을 구별하여 세울 때 사용되었다. 안디옥 교회의 선지자들과 교사들이 금식하고 기도하며 바나바와 바울을 안수하여 전도자로 보냈다(행13:1-3). 디모데가 바울의 선교여행에 동행하려 했을 때 교회 장로들이(장로회의 회) 그에게 안수하였다(딤전4:14). 이때 바울도 다른 장로들과 함께 안수에 참여했다(딤후1:6).

이외에도 아나니아가 바울에게 안수하여 볼 수 있게 했다는 말씀이 있다(행9:17).

안수는 이렇게 다양한 경우에 사용되었기 때문에 직분을 세우기 위한 안수에 대해 지나치게 의미를 부여해서는 안된다. 중세에 로마 카톨릭교회는 안수에 대해 지나치게 의미를 부여해 성례로 승화시키는 등 미신적 신앙을 조장한 적이 있었다. 그래서 종교개혁 후 처음 모였던 불란서 개혁교회 총회(1559)는 목사를 임직할 때 안수하지 않기로 결의했다.

그 후 개혁교회는 차츰 안수를 성경적인 관행으로 귀히 여겨 직분 임직에 사용하게 되었다. 그러나 가르치는 장로인 목사 임직에만 이를 적용했다. 이는 가르치는 장로(목사)는 다스리는 장로와 달리 그 직분의 성격상 항존적일 뿐 아니라, 평생 복음증거에 헌신할 자로 봤기 때문이었다. 그러나 다스리는 장로와 집사는 직분의 성격상 항구적이지만, 봉사하는 일은 한시적이기 때문에 안수하지 않았다. 종교개혁 이후 구라파의 불란서, 화란, 스위스, 독일의 개혁교회가 그랬고, 스코틀랜드 장로교회도 다스리는 장로를 세울 때는 안수하는 일이 없었다.

그런데 미국에 이식된 장로교회가 19세기 초에 장로를 세우면서 안수하기 시작했는데, 이것이 미국 교회에 정착되었다.[62] 한국 장로교회는 역사적으로 미 장로교회의 선교로 세워져 정치적인 영향을 받았기 때문에 초창기부터 안수의식을 통해 장로를 세웠다. 지금도 유럽의 개혁교회와 스코틀랜드 장로교회는 가르치는

---

62 Samuel Miller; The Rulling Elder, pp.345,346

장로(목사) 임직 시에만 안수할 뿐 다스리는 장로를 세우는 데는 서약과 기도만 하고 있다.[63]

구라파의 개혁교회와 스코틀랜드 장로교회가 가르치는 장로(목사)의 임직을 위해 안수해도 큰 뜻을 부여하지는 않는다. 단지 말씀을 봉사하는 자로 부름을 받았다는 것을 공적으로 선언하는 가시적인 행위에 불과할 뿐이다. 안수를 통해 임직을 받는 목사(가르치는 장로)는 이 예식을 통해 공적인 사명을 받을 뿐 전에 갖지 못한 특별한 지식이나 직분적인 은사를 받는 것은 아니다.

오늘 한국교회는 일반적으로 안수에 대해 지나친 의미를 부여하고 있다. 많은 사람들이 임직식에 받는 안수에 대하여 "기름부음 받은 것"으로 여기며, 신비한 뜻을 부여하고, 안수의 효력이 항구적인 것처럼 생각한다. 여기 로마교회의 신비주의적 개념이 남아있는 것이다. 로마교회에서는 한 번 성직자로 임직을 받은 사람은 교황이 사면하지 않는 한 어떠한 경우에도 계속 그 직을 유지한다. 이러한 로마교적 누룩이 개신교회에도 남아 있어 안수를 통해 목사나 장로로 임직을 받으면 그 직분적 사명을 전혀 수행할 수 없는 처지에 있더라도 소위 "기름부음"을 받았다는 이유

---

63 Free Church of Scotland; The Practice of the Free Church of Scotland, Chapter 1, Part 2 참조 "Then, the Moderator, in the case of parties not previously ordained as Elders in any congregation, sets them apart by special prayer to their office, and commends them to the grace of God. There is no imposition of hands, but after offering up the ordination prayer, the Moderatore formally admits them as members of the Kirk-Session, and to the spiritual rule of the Congregation."

로 계속 그것을 보유할 수 있는 것이 한국교회의 현실이다. 안수가 지나치게 미신화되어 버린 것이다.

기름을 붓는 일은 구약시대에 어떤 사물이나 사람을 하나님께 드려 구별하기 위해 행해졌다(창31:13; 출28:41). 그리고 왕과 제사장이 직분을 받을 때 행해졌다(삼하23:1; 민35:25; 시45:7; 사45:1). 구약시대에 일찍부터 이스라엘 백성들에게 장로들이 있었다(출3:16; 12:21). 그런데 구약은 이 장로들이 어떻게 세움을 입게 되었는지를 알려주지 않는다. 장로들을 세우기 위해 기름을 부었다는 이야기는 구약성경 어느 곳에도 찾을 수 없다.

그리고 신약시대에 기름부음을 받는다는 것은 구약시대의 그것과 매우 다른 뜻으로 이해돼야 한다. 이는 성령과 관련되어 있다. 그리스도께서는 기름이 아니라 성령으로 세례를 받으셨다(눅3:21, 22). 이로써 그는 이사야가 예언한 말씀이 자신에게 성취됐다는 사실을 밝히셨다(눅4:16-22; 행10:38 참조). 사도 요한은 성도들을 가리켜 "기름부음을 받은 자들"이라고 했다. 그는 "너희는 거룩하신 자에게서 기름부음을 받고 모든 것을 아느니라"라고 하면서(요일2:20), 이어 "너희는 주께 받은 바 기름부음이 너의 안에 거하나니"라고 했다(요일2:27). 이는 성도들에게는 성령이 내주함으로 말씀의 진리를 깨닫고 안다는 것이다(요14:16, 17, 28; 16:13)

그러므로 안수를 기름부음과 같은 의미로 보면서 장로, 목사, 집사들을 "기름부음 받은 자"들이라고 말하는 것은 성경적이지 않다. 교회 직분자들뿐 아니라 모든 성도들이 "왕 같은 제사장"들이요, 성령의 내주하심의 은혜를 입고 사는 기름부음 받은 자들이기 때문이다. 신약성경은 어느 곳에도 임직을 기름부음 받는다는 뜻으로 사용하지 않고 있다. 안수는 기름부음이 아니다. 신약교회의 안수는 단지 교회 봉사를 위해 공식적으로 부름을 받았다는 의식으로 이해되어야 한다.

그런데 한국교회는 공식적으로 안수를 지나치게 강조하고 있는 것 같다. 안수를 임직과 지나치게 동일시하고 있는 것이다. 교회정치의 목사·장로·집사의 임직에 관계된 조항에 "안수로 임직"한다고 하면서 기도는 언급하지 않고 있다.[64] 그리고 헌법적 규칙(고신)의 임직식 조항에 임직이라는 소제목 대신 "안수"라는 제목을 사용하고 있다.[65] 물론 성경에서 안수를 임직과 같이 말하고 있는 곳이 있다(딤전4:14; 5:22). 그러나 임직과 관련된 성경 본문들을 살펴보면 임직할 때 가시적인 안수 행위보다 기도에 훨씬 더 비중을 두고 있다. 과부들의 구제를 위해 7명을 세우면서 "사도들이 그들에게 기도하고 안수하니라"(행6:6)고 했고, 안디옥 교회가 바나바와 사울을 세워 전도를 위해 보낼 때에 "이에 금식하고 기도하고 두 사람에게 안수하여 보내니라"라고 했다(행13:3). 또한 바울과 바나바가 첫 번째 전도여행에서 세운 교회에

---

64 교회정치(고신) 제35조 목사의 임직과 위임, 제49조 장로의 임직. 제58조 집사의 임직 참고.
65 헌법적 규칙 제10장 제2조 목사의 임직식. 2 안수와 제4조 장로, 집사, 권사의 임직식, 2 안수 참조

장로들을 세울 때에는 안수를 전혀 언급하지 않고 "각 교회에서 장로들을 택하여 금식기도하며 저희를 그 믿은 바 주께 부탁"했다고 한다(행14:23). 임직에 안수가 본질적인 요소가 될 수 없다. 그러므로 초기 종교 개혁자들은 안수하지 않고 서약과 기도로만 임직했던 것이다.

3. 임직과 날짜

그럼 이제 장로 임직식은 언제하는 것이 좋은지 생각해보자. 당회가 임직 날짜와 시간을 결정하지만 주중에 어느 날이 가장 합당한지 생각할 필요가 있다. 장로는 교회(양떼)를 다스리고 감독하기 위해서 부름을 받은 직분이다. 그러므로 교인들(양떼)이 공식적으로 제일 많이 모이는 날을 택하는 것이 상식이다. 장로 임직은 자기 교회 회중 앞에서 받아야 한다.[66] 그렇다면 주일이 가장 합당한 날이 될 수 있다. 이 날 모든 교인들이 정규 예배에 참석하기 때문이다. 그래서 개혁교회는 예외 없이 목사와 장로의 취임이나 임직식을 주일에 한다. 스코틀랜드 장로교회는 교회법

---

[66] OPC, The Book of Church Order, Form of Government, 25:6 ."The Person elected shall be ordained and installed in the presence of the congregation..." 한국의 교회정치는 "개체 교회에서 안수로 임직한다"라고 한다. 제49조 제58조. 한국교회의 "개체교회에서"라는 말과 OPC의 "회중 앞에서"(in the presence of the congregation)라는 말 사이에는 상당한 의미의 차이가 있다.

에 "임직은 항상 안식일 공예배 모임의 끝에 교회 회중 앞에서 행할 것이다"라고 명시하고 있다.[67]

　장로 임직식은 소속된 교회가 중심이 되어야 한다. 그러나 한국교회는 장로의 임직을 명예의 자리에 오르는 기회로 생각하는 경향이 짙다. 그래서 이럴 때 잔치를 치르는 한국적인 문화를 받아들여 오히려 주일에 장로임직식을 피하도록 총회가 결의한 것을 볼 수 있다. 한국교회는 이런 세상문화와의 타협에서 속히 벗어나 교회중심의 생활을 이루어 가야 할 것이다.

67　The Practice of the Church of Scotland, 1:2 참조

장로들의 집단 정치체제 **10 Chapter**

제 10 장

장로들의 집단 정치체제

　교회의 정치에 대해서 회중석 의자의 색깔처럼 어떤 체제를 가져도 별 관계가 없다고 생각하는 사람들이 많다. 그래서 오늘날 많은 교회 지도자들이 자신의 취향에 따라 교회정치를 생각한다. 그러나 어떤 공동체도 정치체제와 무관할 수 없다. 특별히 그리스도인 공동체인 교회의 정치체제는 매우 중요하다. 오늘날 여성 장로 · 목사제도가 교회에 별 문제가 되지 않는다고 생각하기 어렵다. 이것은 오늘날 교회 생활에서 매우 심각한 문제가 되고 있기 때문이다.

　지난 세기부터 여러 교단의 교회들이 교회일치운동을 추구해 오면서 교회정치체제와 직분에 대한 견해 차이로 어려움을 겪고 있다. 감독주의 정치체제를 가지고 있는 교회들(로마 천주교회,

동방정교회, 영국 국교회 등)은 직분의 역사적 사도적 계승이라는 양보할 수 없는 전통적 견해를 가지고 있다. 그들은 사도적 직분을 계승한 감독에 의해 임직되지 않은 개신교회의 목사 직분에 대해서 공식적으로 인정하지 않는다. 그들은 교리를 비롯해 다른 여러 가지 문제는 서로 양보하고 포용해도 교회의 감독정치체제만은 양보할 수 없다는 태도를 취한다. 여기서 그들은 교회일치 운동에 한계를 느끼고 있는 것이다. '세계교회협의회(WCC)' 안에서 교회일치에 대한 논의가 오래 계속되어 오고 있지만 교회정치체제 문제는 극복할 수 없는 난제가 되었다.

그러면 성경이 가르치는 분명한 정치체제가 있는가? 상당수의 신학자들은 성경이 교회정치체제에 관하여 분명한 지침을 주고 있지 않다고 생각한다. 그래서 이들은 어떤 성경적인 정치체제를 주장할 수 없다고 말한다. 물론 성경은 교회의 정치체제를 구체적으로 밝히는 법전이 아니라 구원의 복음이 계시된 책이다. 그렇다고 성경은 "하나님의 집"이요, "진리의 기둥과 터"인 교회의 체제 문제에 대해 전적으로 침묵하고 있지는 않다. 성경을 조심스럽게 살펴보면 교회정치체제에 대한 원리가 계시되어 있음을 알 수 있다.

주 예수 그리스도께서 이 세상에 계실 때 이미 자신의 교회를 위해 정치에 대한 원리적인 가르침을 주셨다. 마16:18-19에 의하면 제자 베드로로부터 올바른 신앙고백을 들으신 후에 예수님은 "내가 이 반석 위에 내 교회를 세우리니 음부의 권세가 이기지 못하리라. 내가 천국 열쇠를 네게 주리니 네가 땅에 매면 하늘에서 매일 것이요 네가 땅에서 무엇이든지 풀면 하늘에서도 풀리리라"고 하셨다. 여기서 예수님은 스스로 교회의 주와 왕이 되신 것과, 그의 신실한 종들이 땅에서 그의 교회를 위해 하는 일을 그가 하늘에서도 인정하신다는 것을 말씀하셨다.

나아가, 마18:15-18에서 주 예수님은 "네 형제가 죄를 범하거든 가서 너와 그 사람만 상대하여 권고하라. 만일 들으면 네가 네 형제를 얻은 것이요 만일 듣지 않거든 한두 사람을 데리고 가서 두세 증인의 입으로 말마다 증참케 하라. 만일 그들의 말도 듣지 않거든 교회에 말하고 교회의 말도 듣지 않거든 이방인과 세리 같이 여기라. 진실로 너희에게 이르노니 무엇이든지 너희가 땅에서 매면 하늘에서도 매일 것이요 너희가 땅에서 풀면 하늘에서도 풀리리라"고 하셨다. 여기서 예수님께서 교회에서의 사랑을 통한 권징질서에 대한 구체적인 말씀을 주시면서 교회가 공적으로 하는 일을 그가 하늘에서도 인정하시겠다고 약속하셨다. 신약성경에 기록된 예수님의 말씀과 사도들의 기록을 주의깊게 살펴 보면 교회정치의 기본원리가 분명하게 제시되어 있음을 알 수 있다.

성경이 확실하게 가르치고 있는 교회정치제도는 복수장로(장로회)에 의한 협동정치라고 볼 수 있다. 오늘날 우리가 말하는 개교회의 치리회인 '당회'는 실상 장로들로 이루어진 "장로의 회"이다(딤전4:14). 신약성경은 실상 장로직과 장로의 봉사에 관하여 성만찬이나 세례, 영적 은사보다 훨씬 더 많이 언급하고 있음을 알 수 있다.

1. 성경이 장로 집단정치체제를 가르침

사도시대에 그리스도의 교회는 이미 지역적으로 예루살렘으로부터 로마까지 넓은 지역에 세워져 있었다. 그런데 이 교회들은 모두 장로들의 집단체제에 의해 다스려지고 감독을 받았다. 성경은 지역교회의 장로를 가리켜 말할 때마다 언제나 단수가 아닌 복수로 언급하고 있기 때문이다.

신약시대의 첫 교회인 예루살렘 교회에는 일찍이 장로들이 있었다. 사도행전을 기록한 누가는 "유대에 있는 형제들에게 부조를 보내기로 작정하고 이를 실행하여 바나바와 사울의 손으로 장로들에게 보내니라"(행11:27-30)고 했다. 이는 신약시대의 예루살렘 교회의 장로들에 대해 처음으로 언급한 말씀이다. 당시 안디옥 지역에 사는 제자들은 흉년으로 어려움을 당하고 있었다.

그러나 예루살렘 교회 장로들이 언제 어떻게 세워졌는지에 대해서는 성경은 말하지 않고 있다. 사도행전의 저자 누가는 거기 장로들이 있었다며 교회 안팎에 잘 알려진 사실처럼 매우 자연스럽게 기록하고 있다. 이 장로들은 아마도 오순절에 3천 명이 회개하고 돌아온 후 급성장하는 예루살렘 교회를 돌보기 위해 사도들에 의해 매우 일찍 세워졌던 것으로 보인다. 사도행전 6장에 소개된 일곱 사람(집사)을 세운 것과 거의 같은 때에 세워졌을 것으로 보인다. 사도들은 회당생활의 전통속에서 살아 왔으므로 회당정치의 본을 따라 장로들을 세워 교회를 돌보게 한 것이 틀림없다.

회당의 전통에 의하면 회당마다 적어도 세 사람 이상의 장로들이 있었다는 것이다. 예루살렘 교회에 몇 사람의 장로들이 세워졌는지에 대하여는 전혀 알려져 있지 않다. 어떤 이들은 예루살렘의 산헤드린 공의회 회원이 70명이었으니 70명의 장로가 세워졌을 것이라고 주장한다. 그러나 이는 추정한 것일 뿐이다.

이 예루살렘 교회 장로들의 집단적인 교회치리는 사도행전 15장에 잘 나타나 있다. 그리스도인에게 있어서의 신앙과 율법(할례)이라는 교리적인 문제의 해결을 위해 안디옥 교회로부터 바울과 바나바가 파송되어 왔을 때, 예루살렘 교회의 장로들은 사도들과 함께 토론하고 협의하여 결론을 내는 등 집단적인 지도력을 발휘했다. 바울은 마지막으로 예루살렘을 방문하여 장로들을 다시 만났다(행21:18).

바울은 3년 동안 전도하여 세웠던 에베소 교회에 장로들을 세웠다(행20:17, 28). 디모데는 바울과 함께 선교 여행을 떠나게 되자 에베소 교회의 '장로의 회(the Presbytery)'에서 임직을 (안수와 기도로) 받았던 것으로 보인다(딤전4:14). '장로의 회'라는 말은 여러 장로들로 이루어진 집단체제를 가리키고 있다. 바울은 에베소 교회가 거짓 교사들로 말미암아 어려운 가운데 있을 때 그 교회를 돌보기 위해 머물게 한 디모데에게 보내는 편지에서 "잘 다스리는 장로들을 배나 존경할 자로 알되 말씀과 가르침에 수고하는 이들을 더할 것이니라"라고 했다(딤전5:17). 이러한 사실을 종합해 볼 때 에베소 교회는 장로들로 집단정치체제가 이루어지고 있었다는 것을 알 수 있다.

그리고 바울은 첫 번째 선교여행에서 돌아오는 길에 그가 복음을 전한 갈라디아 지방 교회들을 다시 방문하고 더베, 루스드라, 이고니온 등의 "각 교회에서 장로들을 택하여" 세움으로 교회를 조직하였다(행14:23). 나아가 그는 생의 말기에 그레데 섬에 있는 "각 성에 장로들을 세우게 하려고" 디도를 거기 떨어뜨려 두었다(딛1:5). 이는 모든 지역교회마다 복수의 장로를 세웠다는 것을 뜻한다. 빌립보 교회에도 한 사람의 장로가 아니고, 여러 장로들이 있었다. 빌1:1에 바울이 "빌립보에 사는 모든 성도와 또는 감독들과 집사들에게 편지"한다고 했다. 바울이 장로와 감독을 동의어로 바꾸어 가며 사용한 것을 고려할 때(행20:17, 28; 딛1:7), 여기 언급한 감독들은 곧 장로들이었다. 빌립보 교회에는 여러 명의 장로들이 있었던 것이다.

교회의 지도와 감독은 처음부터 한 사람에게 맡겨지지 않았다. 교회의 머리되신 예수님도 한 사람을 택하여 그의 교회를 지도하고 건설하는 일을 맡기지 않으셨다. 그는 열두 제자들을 불러 세워 서로 협력하고 봉사하게 하심으로써 초대교회의 공동체를 이

끌어가게 하셨다. 이는 교회의 목자적 지도와 감독은 어느 한 사람에게 맡겨진 것이 아니고, 집단적이고 협동적인 것임을 보여주고 있다.

사도시대에 예루살렘 교회의 어려운 과부들을 돌보기 위해 일곱 집사들을 세운 것만 봐도 교회의 지도력은 협동을 통해 발휘되어야 하는 성질의 것임을 알 수 있다(행6:3-9). 그 일곱 사람 중 한 사람은 수장이고 나머지 여섯 사람은 그 한 사람을 돕는 사람이었다는 말은 전혀 없다. 이들은 다 함께 섬기는 자들로서 예루살렘 교회의 자비 사역에 봉사했다.

사도 베드로도 로마 제국의 다섯 지방에 흩어져 있는 교회들에게 편지를 쓸 때, 각 교회 "장로들"에게 특별한 권면의 말씀을 했다. 그는 "너희 장로들에게 권하노니... 하나님의 양무리를 치되 부득이 함으로 하지 말고 오직 하나님의 뜻을 좇아 자원함으로 하라"고 했다(벧전1:1, 5:1). 이 말씀을 통해 이 지방 교회들이 이미 장로회 정치체제를 갖추고 있었음을 알 수 있다.

장로들의 집단체제에 의한 지도는 구약 이스라엘 백성의 기본적인 정치체제였다(출3:16; 에스라10:8). 이스라엘 백성들에게 장로직은 가족제도처럼 기본적이었다. 이스라엘은 여러 가족으로 이루어진 큰 가족 집단이었다. 이 집단은 그들의 대표격인 장로들에 의해 지도를 받았다. 이 제도가 신약교회에서도 원리적인 면에서 적용되었던 것이다.

신약교회도 가족적인 성격을 보여주고 있다. 초대 그리스도인들은 집에서 여러 가족들이 함께 모였다(롬16:5; 고전16:19; 골 4:15; 몬2). 바울은 교회를 '하나님의 집'이라고 불렀다(딤전 3:15). 예수님은 그의 제자들에게 "너희는 다 형제니라"고 했다. 신약에 형제라는 말이 250번이나 나온다. 신약교회도 본질적으로 구약 이스라엘 교회처럼 부모와 언약의 자녀들이 기본단위를 이룬 가족 공동체였다. 그러므로 장로들에 의한 집단지도정치체제는 확장된 가족집단인 교회를 지도하기에 합당한 것이었다. 사도들이 복수의 장로 집단지도체제를 교회에 도입한 것은 매우 자연스러웠다.

2. '장로의 회(치리회)'에서의 장로들의 동등권

교회 정치체제에 대한 기본원리가 신약에 분명하게 제시되어 있다. 교회의 정치는 장로들의 집단 지도체제이다. 장로들은 교회를 다스리고 감독하기 위해 집단적으로 부름을 받았다. 칼빈이 제네바에서 장로 집단지도체제를 도입한 것은 사도시대와 교부시대의 교회를 깊이 연구한 결과 이 제도가 성경적이라고 확신했기 때문이다. 교회의 장로회(당회)에서 모든 회원은 같은 지위와 권한을 갖는다. 성경은 장로들 가운데 누가 더 높거나 더 낮다는 식으로 말씀하고 있지 않으며, 서로 차별화하는 그 어떤 증거도 찾아보기 어렵다.

앞서 언급한 대로 교회의 역사가 흐름에 따라 장로들 세계에 차츰 "가르치는 장로"(목사)와 "다스리는 장로"의 두 반이 생기게 되었다. 사도 바울은 에베소 교회에서 봉사하는 장로들에 대해서 "잘 다스리는 장로를 배나 존경할 자로 알되 말씀과 가르침에 수고하는 자들에게 더 할지니라"라고 하면서 두 반으로 나눠 말했다(딤전5:17). 이 두 반의 장로들 사이에는 지위의 차별이 없고, 역할의 구별이 있을 뿐이었다. 말씀과 가르침에 수고하는 장로들에 대해서는 말씀을 전하는데 전적으로 헌신하고 있기 때문에 더 존경하라고 했다. 직분자는 자기 직무를 성실히 수행하면 그 만큼 더 큰 존경의 대상이 된다. 교회는 특별히 말씀 봉사에 충성하는 직분자를 존경해야 된다. 여기 존경은 전혀 지위와 관련되어 있지 않다. 직분에 대한 충성과 직임에 관련되어 있다.

하나님의 말씀을 성실하게 선포하는 "가르치는 장로(목사)"는 자연히 "다스리는 장로들"보다 더 큰 존경의 대상이 된다. 이런 이유로 교회 안에서 "가르치는 장로(목사)"가 다스리는 장로들 보다 더 높다고 생각하는 경향이 있어왔다. 역사적으로도 이런 경향이 사실로 드러났다. 적어도 1세기 말까지는 "가르치는 장로"와 "다스리는 장로" 사이에 지위의 차이가 나타나지 않았다.

그러나 2세기 후부터 지난 날 동일한 직분을 뜻했던 동의어로서 "감독"과 "장로"란 말이 서로 다른 뜻으로 사용되면서 교회에 차츰 교권체제가 자리를 잡게 된 것이다. 곧 "감독"이란 말이 "가르치는 장로(목사)"만 가리키게 되었고, "다스리는 장로"에게는 적용되지 않게 된 것이다. 이로써 "가르치는 장로(목사)"와 "다스리는 장로" 사이에 지위의 차별이 생기게 되었다.

4세기에 이르러 "가르치는 장로(목사)"를 사제(clergy)로 부르면서 목사를 일반 신자들(평신도?)로부터 질적으로 구별하게 되었다. 오늘날 많은 사람들이 사용하는 성직자와 평신도라는 표현도 여기에서 비롯되었다. 원래 사제(clerus)라는 말의 뜻은 "기업"이라는 의미를 담고 있었다. 이 말은 구약시대에 하나님의 백성인 이스라엘 전체를 가리켰다. 그러므로 이 말은 어느 특수한 직분자가 아니고, 하나님의 백성 전체에게 적용될 말이다. 오늘날 목사를 성직자라 칭하면서 특수한 계층의 직분자로 보고 장로를 평신도(laymen)로 생각하는 것이 일반화되어 있는데, 이는 성경적이 아니다. "가르치는 장로(목사)"나 "다스리는 장로"는 본질적으로 같은 급에 속한 교회의 감독들이다.

미 장로교(The Presbyterian Church in America)는 이에 대해서 제일 강하고 분명한 입장을 취하고 있다. PCA 교회의 "교회정치"에는 "가르치는 장로"와 "다스리는 장로" 양자가 다 모든 치리회에서 꼭 같은 선거권과 피선거권을 갖게 된다고 다음과 같이 규정하고 있다; "장로들은 하나의 직분 급에 속해 있음으로 '다스리는 장로'는 교회의 치리회에서 '가르치는 장로'와 꼭 같은 권위와 피선거권을 가진다. 또한 장로들은 성경을 즐겨 가르칠 수 있도록 열심으로 스스로를 계발해야 하고, 이렇게 할 수 있는 모든 기회를 증진시켜야 한다."[68]

그 결과 미 장로교회(PCA)에서는 다스리는 장로가 총회 회장으로 당선되어 봉사한 예도 있다. 다른 정통 개혁교회나 장로교회에서는 유례를 찾기 어려운 일이 PCA에서는 가능했던 것이다. 이것은 PCA가 남장로교회의 전통을 따라 목사와 장로의 동권을 어느 교회보다 더 강조하고 있음을 보여 준다. 이런 예를 다른 교회가 따르기는 어려우나 저렇게 목사와 장로의 동권을 강조함으로써 장로의 질을 크게 높이고 있는 것만은 확실하다.

장로교회에서는 당회에서 목사(가르치는 장로)가 사회를 한다. 그리고 노회와 총회에서도 일반적으로 목사를 회장으로 세워 사회를 하게 한다. 그런데 이는 목사가 지위상 다스리는 장로보다 높기 때문이 아니다. 목사는 교회를 가르치고, 다스리고, 감독하는 일에 전적으로 헌신하는 전문인이다. 그러므로 목사가 치리회(당회, 노회, 총회)에서 사회를 담당하는 것은 선한 질서를 위해 바람직한 일이다.

장로교 정치체제에 의하면 담임목사에게 당회장 권을 자연스럽게 부여하여 당회를 사회하고 이끌어가게 한다. 그런데 이 당회장이란 것은 결코 어떤 지위나 직분의 명칭은 아니다. 그러므로 당회장이 하나의 호칭이 될 수 없다. 그런데 종종 '당회장실'

---

68 The Presbyterian Church in America, Form of Government, 8:8 ; ."Elders being of one class of office, ruling elders possess the same authority and eligibility to office of the Church as teaching elders. They should, moreover, cultivate zealously their own aptness to teach the Bible and should improve every opportunity of doing so."

이란 패를 달아놓고 있는 교회를 보게 된다. 이것은 바른 교회의 생활원리를 따른 발상이라 할 수 없다.

목사(가르치는 장로)는 설교하고 가르치는 일에 자격이 있다는 사실을 노회로부터 공적으로 인정을 받고, 교회의 청빙을 받아 취임하는 가르치는 장로이다. 목사는 당회를 사회하고 인도하는 사명을 부여 받았지만 당회(장로들의 회)의 협의나 결의 없이 교회의 일을 혼자 진행해서는 안된다. 그는 당회를 사회하고 공식문서에 서명을 하지만 목사의 자격을 가지고 이를 행하는 것이 아니라, 당회를 대표해서 한다. 그는 교회의 목자적 지도를 주도적으로 하지만 언제나 혼자가 아니라 장로들과 함께 한다. 이런 면에서 목사(가르치는 장로)는 장로들의 집단정치체제에서 "제일의 회원(a primary member)"이라고 할 수 있다.

목사는 다른 다스리는 장로들과 꼭 같은 발언권을 가지며, 어떤 일을 결의할 때는 다른 장로들과 같이 단지 한 표만 던질 수 있다. 이것이 교권체제를 철저히 배격하는 개혁주의 장로교회의 정치체제이다. 그런데 이런 특징에 대해 목사의 지도력이 약화한 것으로 생각해서는 안된다. 목사는 당연히 당회와 교회생활에서 지도력을 나타내야 한다. 가르치는 장로(목사)는 교회의 목자적 지도에 대한 전문가로서 그의 지도력 만큼은 온 당회와 교회에 큰 영향력을 발휘하는 동시에 교회건설에도 이바지할 수 있다.

3. 장로들이 받은 은사의 차이

한 교회에 장로들이 하나의 집단체제를 이루어 "장로의 회(당회)"로 행동하고, 같은 권위와 책임을 지고 있을지라도 모든 장로들이 같은 은사나 성경지식이나 지도력을 가지고 있다고 볼 수 없다. 먼저 목사(가르치는 장로)와 다스리는 장로간에는 이에 대한 분명한 차이가 있다.

이뿐 아니라 다스리는 장로들 사이에도 상당한 서로의 차이가 있다. 장로들 중에 다른 장로들 보다 뛰어난 사람도 있을 수 있다. 이런 사람을 "같은 자들 가운데 첫째(primus inter pares= first among equals)"라고 말할 수 있다.

일찍이 사도들 가운데도 이런 사람이 나타났는데, 바로 베드로가 그러했다. 그런데, 로마 카톨릭 교회는 베드로를 같은 사도들 가운데 일인자로 여기기 보다는, 그를 그리스도의 유일한 지상의 대리자로 믿고 지상교회에서의 그리스도의 왕권을 그에게 넘김으로써 교회에 제왕적 교권체제를 구축하였다.

예수님의 열두 제자들은 각기 받은 은사가 달랐다. 그 가운데 예수님의 시선을 가장 많이 끌었던 제자는 베드로와 야고보와 요한이었다. 이 세 제자들 가운데서도 베드로가 가장 두드러졌고 (눅8:51; 9:28; 막14:33), 늘 첫째로 꼽혔다(마10:2-4; 막3:16-19; 6:14-16; 행1:13). 예수님은 베드로에게 "너는 돌이킨 후에 네 형제를 굳게 하라"고 까지 말씀하셨다(눅22:32).

베드로는 행동하는 성품을 가진 사람으로 뛰어난 지도력과 말씀을 효과있게 전하는 능력을 소유한 제자였다. 그럼에도 불구하고 베드로는 다른 사도들 보다 더 많은 직함이나 지위를 갖지 않았다. 그의 겸손한 성품은 로마제국 다섯 지방에 흩어져 있는 교회에 보낸 편지에서 잘 나타난다. 그는 사도로 부르심을 받고, 그 가운데서도 일인자로서 예수님의 주목을 받았지만 이 지방 교회의 장로들에게 "나는 함께 장로된 자요"라고 함으로써 그들과의 동류의식을 강조했다.

여기서 베드로 사도도 장로였을까? 라는 질문을 던질 수 있다. 그는 예루살렘 교회가 탄생한 후 그 교회의 사도이면서 다른 사도들과 함께 장로의 역할을 했을 것이고, 또 그 교회에 장로들을 세운 후에도 그들과 함께 교회를 가르치고 감독하는 등 장로의 역할을 수행했다고 볼 수 있다(행15장 참조).

그리고 베드로는 당시 주의 교회에서 봉사하는 자로서 스스로를 장로 중의 한 사람으로 시인하였던 것이 틀림 없다. 베드로는 여러 지역에서 봉사하는 장로들에게 자신을 "함께 장로된 자"라고 함으로써 사도로서 추호도 우월의식을 보이지 않고 동역자로 다가가는 등 아름다운 겸손의 본을 보여 주었다. 여기서 우리는 그가 주와 함께 했던 마지막 밤 만찬에서 누가 더 큰 자인가, 하며 제자들끼리 다퉜던 일과, 그 날 밤 주께서 제자들의 발을 손수 씻어주셨던 사실을 늘 부끄럽고도 감사하게 여기며 자신도 겸손한 제자의 모습을 보여주며 살았던 것을 알 수 있다(눅22:24-34;

요13:1-20). 베드로는 사도이면서 장로들의 친근한 동역자였던 것이다. "같은 자들 중(동료 중에) 첫째"라는 개념은 바울과 바나바 사이에서도 나타난다. 양자는 다 복음전파를 위해 세움을 받은 같은 종들이었다(행13:1-3). 그러나 선교여행을 하는 동안에는 바울이 언제나 주 설교자였고, 역동적인 지도자였다(행13:12; 14:12). 바울은 분명히 바나바보다 큰 은사를 받았지만 그와 다른 공식적인 지위를 갖지는 않았다. 바울과 바나바는 복음 전파사역에 동반자로 일했다. 이 같은 예는 바울과 실루아노와 디모데 사이에서도 발견하게 된다(살전2:6).

동료 중에 첫째의 개념은 가르치는 장로(목사)와 다스리는 장로 사이에서 자연스럽게 나타난다. 교회를 다스릴 뿐 아니라, 말씀과 가르침에 수고하는 장로(목사)가 다른 장로들보다 더 존경을 받기 마련이다. 다스리는 장로들 사이에도 그가 받은 은사와 덕성, 지도력에 따라 동료 중에 첫째 되는 자가 있다. 이것은 자연스러운 일이다.

그런데 교회 안에서 동료 중에 첫째가 되려고 인위적으로 나서는 분들이 더러 있다. 자신이 받은 은사와 능력에 관계 없이 임직 순에 따라 동료 중에 첫째로 인정을 받으려고 하는 분들이 있는 것이다. 그래서 소위 "수장로"라는 호칭이 생겨 그렇게 불려지는 것을 좋아한다. 이것 역시 한국의 세속적인 계급문화의 영향으로 보인다. 참된 그리스도의 종들은 "사람에게 영광을 구치 아니" 한다(살전2:6).

장로들 사이에 첫째 되는 자가 있을 수 있고, 그것이 교회에 유익이 되기도 한다. 그러나 이것은 공동체 생활에 위험이 될 수도 있다. 당회가 뛰어난 은사를 받은 한 사람, 혹은 몇 사람에게 교회의 지도와 감독을 맡긴다면 다른 사람들은 가만히 지켜보는 입장이 된다. 이처럼 뛰어난 은사를 받은 한두 사람이 모든 것을 맡게 되면 첫째는 교만에 빠질 수 있다. 나아가 교회의 모든 권력을 잡고 휘두르게 되는 유혹에 빠지기 쉽다. 사람은 누구나 명예와 교권의 시험에 들기 쉽기 때문이다.

그런고로 당회는 언제나 동료 중에 첫째 되는 자를 인정하되 가능한 한 교회의 지도와 감독이 몇 사람에게 집중되지 않게 균형을 도모해야 한다. 당회는 필요에 따라 회원들이 받은 특수한 은사를 활용하되 가능한 한 함께 책임을 나누어지는 방향으로 노력해야 한다.

4. 복수 장로정치체제의 유익

예수 그리스도는 지도자들의 집단적 협력 지도체제가 교회생활에 유익하기 때문에 먼저 열두 제자들을 불러 세우셨다. 나아가 신약교회에도 사도들을 통해 복수 직분자들을 세워 서로 협력하여 봉사하게 하였다. 교회에 과부들을 위한 구제금을 공평하게 취급하는데 도움이 되도록 사도들은 한 사람이 아닌 일곱 집사들을 세웠고(행6;1-6), 각 교회의 장로도 복수로 세웠다(행14:23; 딤전5:17; 딛1:5). 이렇게 직분자들을 복수로 세운 것은 부름을 받은 자들은 물론 교회에도 유익하기 때문이었다.

첫째, 인간의 연약성을 극복할 수 있다

사람은 누구나 예외없이 결정적인 결점을 가지고 있다. 다른 사람의 흠은 잘 보지만 자신의 흠은 잘 보지 못하는 것이 사람이다. 지도자 혼자서는 스스로 지닌 결점으로 잘못 판단할 수 있고, 이로 말마암아 자기 스스로의 진로를 파괴할 수도 있다. 그러나 집단지도체제는 한 사람의 지도자가 가진 약점을 동료들이 채워주는 것이 가능하다. 지도자는 언제나 자기의 결점을 알고 시인하면서 동료 직분자들의 도움을 통해 이를 극복하는 것이 현명하다.

다양한 은사를 받은 카리스마적 지도자들에게 그릇된 판단을 하고 실수할 위험은 더 크다. 자신의 능력을 지나치게 믿고 나가기 때문이다. 피라밋 조직의 최고 자리에 앉은 단일 지도자는 자기의 약점을 극복할 기회를 갖기 어렵다. 정상의 자리에서 한번 실수하게 될 때는 도움 받을 길을 찾지 못하고 여지 없이 몰락할 위험에 떨어질 수 있다.

그런데 집단지도체제는 구성원들이 서로의 약점을 채워주게 된다. 한 사람이 지나치게 나아가면, 옆의 동료가 이를 견제하여 균형을 잡아준다. 그러므로 서로 실수를 방지하고 서로 덕을 누릴 수 있게 되는 것이다.

둘째, 무거운 짐을 나누어 질 수 있다.

장로들의 집단정치체제는 짐을 나누어 가지는 유익이 있다. 단일 목사 지도체제는 결국 자신과 교회에 해를 초래할 수 있다. 다스리는 장로 없이 목사(가르치는 장로) 혼자 교회를 섬길 때 얼마 동안은 평안할 수 있다. 여러 사람이 의논하고 결정하는 과정을 통해 오래 걸리는 일도 단번에 시행할 수 있다. 그러나 혼자서 설교, 교육, 심방, 행정 등의 무거운 짐을 감당하게 되면 오래지 않아 피곤해져 게을러질 수 있다. 교회에 어려운 일이 일어나면 혼자 책임을 지고 해결해야 하기 때문에 무거운 짐을 피할 수 없다.

교회를 함께 감독하는 장로들이 있다면 무거운 짐을 덜어서 나누어질 수 있다. 솔로몬 왕은 "두 사람이 한 사람보다 나음은 저희가 수고함으로 좋은 상을 얻을 것임이니라. 혹시 저희가 넘어지면 하나가 그 동무를 붙들어 일으키려니와 홀로 있어 넘어지고 붙들어 일으킬 자가 없는 자에게는 화가 있으리라…. 두 사람이 함께 누우면 따뜻하거니와 한 사람이면 어찌 따뜻하랴. 한 사람이면 패하겠거니와 두 사람이면 능히 당하나니 삼겹줄은 쉽게 끊어지지 아니하느니라"고 했다(전도서4:9-12).

현재 한국 장로교회 목사들 가운데는 장로를 세우는 일에 거부감을 갖거나 주저하는 분들이 있다. 비교적 큰 교회에서도 마음에 드는 한두 사람만 장로로 세우는 목사들이 있다. 어떤 목사는 장로회 법에 따라 당회를 구성하기 위해 억지로 장로를 세울 뿐 진정 세워보겠다는 생각이 없다. 이런 현상은 한국교회에 빈번했던 목사와 장로 사이의 알력 때문인 것으로 이해된다. 목사의 지도력이 종종 장로들의 제동으로 발휘되지 못할 때 죄절감을 느끼게 된다. 이로 말미암아 목사와 장로 간에 알력이 생기게 마련이다. 그러나 이런 일은 어느 공동체에나 극복해 나가야 할 일이다. 교회라고 해서 달리 기대할 수 없다.

교회의 장로직은 인간의 생각에서 나온 것이 아니다. 우리를 잘 아시는 교회의 주요 왕이신 예수 그리스도께서 장로를 세우게 하신 것이다. 그는 우리 인간 개개인의 결점과 한계를 아시고 한 사람에게 그의 교회를 맡기시는 것을 원하지 않으셨다. 장로들의 집단적인 지도체제를 통해 우리의 약점을 보강하시고 우리가 가진 한계를 뛰어 넘도록 해 주신 것이다. 그러므로 장로를 세우지 않는 것은 이 제도를 만드신 주 예수 그리스도 보다 스스로를 더 지혜롭다고 여기는 교만의 죄를 범하는 셈이 된다. 그런 교회에 축복을 기대하기 어렵다.

그렇다고 해서 장로를 서둘러 아무나 세워서는 안된다. 교회를 지도하고 감독하는 것은 매우 중요한 일이므로 성경은 그 자격에 대하여 자세하게 알려준다(딤전3:2-7; 딛1:5-9). 그러므로 장로를 선택할 때 매우 신중해야 한다. 자격이 없는 사람을 장로로 세우는 일은 교회에 큰 해를 초래할 수 있기 때문이다. 교회는 장로의 자격이 있는 자를 선택하기 위해 노력해야 하며, 회중의 선택을 받은 자들에 대해서도 철저한 검증과 시험을 통해 임직하도록 해야 한다.

　목사가 동역자로서 자격있는 장로들을 세워 함께 교회봉사를 하는 것은 자신과 교회에 큰 복이 된다.

셋째, 권력의 부패를 막게 된다.

　장로 집단지도체제는 권력의 집중과 부패를 막을 수 있다. 피라밋 형태의 지도체제에서 최고의 자리에 있는 사람은 권력을 남용할 수 있고, 전제자가 되기 쉽다. 영국의 역사가 액턴(Acton)은 이렇게 말했다.

　"권력은 부패의 성향을 가진다. 절대 권력은 절대적으로 부패한다."

　교회도 예외가 되지 않는다. 이 세상에는 아직 사탄이 활동하고 있고, 누구나 인간의 부패성의 지배를 받고 있기 때문이다. 장로들의 수평적인 집단지도체제는 교회 내에서 교권의 남용을 막을 수 있다. 교회의 집단협력 지도체제가 지도자의 자만심과 명예욕을 억제하게 된다.

　일반적으로 한국 교회의 목사와 장로들은 세계 어느 교회의 직분자들 보다 권력과 명예에 대해 집착하는 경향이 강하다. 다른 나라의 교회에서 목회한 경험을 가진 사람이라면 이 사실을 실감할 수 있다. 외국에서는 노회나 총회하는 날이 다가와도 당회에서 회장이 누가 될 것인가에 대해 관심을 갖는 일이 없다. 노회나 총회에서 목사나 장로가 스스로 임원이 되겠다고 후보로 나서는 일도 없고, 득표를 위해 힘쓰지도 않는다. 회장이나 임원이 되었다고 축하를 하거나 박수를 보내는 일도 없다. 임원으로 선택되어도 불가피한 사정이 없는 한 사양하는 일도 없다. 모두가 주께서 맡겨 주신 것으로 믿고 수락하며 의무를 다한다. 만일 어떤 사람이 스스로 회장이 되겠다고 나선다면 그것 자체가 자신에게 씻기 어려운 큰 치욕이 될 수밖에 없다. 물론 스스로 임원이 되겠다고 후보로 나서는 일이 전혀 없기 때문이다.

목사와 장로들은 서로 권력과 명예에 대한 욕망을 제재하는 일에 나설 필요가 있다. 한국에서 당회가 담임목사에게 노회장, 혹은 총회장 당선을 위해 지원하는 경향을 볼 수 있는데, 이것은 결코 양무리를 인도하는 목자를 돕는 일이 결코 아니다. 담임목사가 총회장으로 당선되면 당회가 축하예배를 드리며 경축하는 일을 더러 볼 수 있다. 이것은 교회의 속화를 촉진하는 일이 아닐 수 없다. 교회의 감독으로서 장로들은 이런 시험에 들지 않도록 서로를 살피고 경계할 책임을 지고 있다.

넷째, 장로들간 직임 수행에 관해 서로 감독하고 격려할 수 있다.

교회 지도자들은 분주한 생활 속에서 교회일을 게을리하거나 자신들의 직책을 등한히 하기 쉽다. 더욱이 임기가 정해져 있지 않는 한국교회의 상황에서는 말할 나위가 없다. 가르치는 장로든 다스리는 장로든 교회봉사를 자의적인 활동에 맡겨두면 자기가 원하는 것만 하게 되고 가장 중요한 것을 하지 않을 수도 있다. 집단지도체제에서 장로들은 서로 직책에 대해 격려와 감독함으로써 효과적인 봉사를 할 수 있다.

예를 들면 아무리 사명을 성실하게 잘 하는 목사라고 하더라도 당회는 목회활동에 대한 보고를 규칙적으로 받는 것이 유익하다. 목사가 해야 하는 여러가지 일이 있지만 가장 중요한 것은 말씀 선포를 위해 충분히 준비하고 성실하게 선포하는 것이다. 목사가 그 밖의 다른 봉사활동 때문에 가장 중요한 일이 지장을 받는다고 확인되면 당회는 그 짐을 가볍게 해줄 수 있는 길을 찾아야 한다. 이것이 목사를 돕는 일이요, 교회를 바로 건설해 가는 일이다.

장로들도 자기 구역의 상황을 살핀 결과를 당회에 규칙적으로 보고하는 것이 좋다. 이렇게 함으로써 장로들은 책임감을 갖고 봉사하게 되고, 이를 통해 목사는 전 교회의 사정을 알 수 있게 되며, 양떼의 필요을 채워 줄 수 있다. 목사와 장로들은 당회에서 자신들이 한 봉사의 결과를 보고함으로써 서로를 감독하며 격려할 기회를 갖게 된다.

다섯째, 집단지도체제는 인내와 겸손을 갖는 지도자를 만든다.

집단적 협동지도체제에 문제가 없는 것은 아니다. 여러 회원들의 합의를 도출해 내고 일을 집행해 가는데는 참기 어려울 만큼 느리거나 짜증이 날 수도 있다. 그러므로 이 체제는 많은 인내와 기도, 지혜와 겸손, 자제, 동역자들에 대한 신뢰와 사랑, 각기 받은 은사에 대한 존경심을 요한다.

집단적 지도체제를 통한 사역이 느리고 단일 지도체제보다 어렵기 때문에 많은 목사들이 다스리는 장로들을 두지 않으려 하고, 순복하는 소수의 직원만 두는 것을 선호할 수 있다. 그러나 이는 성경이 주는 교훈보다 자신을 더 지혜롭게 생각하는 어리석음을 범하는 일이다. 혼자 일하다 실수하게 되면 도움을 얻을 동역자가 없어 자신을 파멸로 이끌 수 있다. 교회의 집단지도체제는 인내와 겸손을 가진 균형 잡힌 지도자를 만드는데 유익하다.

장로 직분의 임기

Chapter 11

제 11 장

장로 직분의 임기

성경은 직분의 임기에 대하여 아무런 언급이 없다. 그래서 종교개혁 후 개혁교회들은 이 문제에 대해 매우 유연한 입장을 취했다. 일반적으로 '가르치는 장로'인 목사는 일찍부터 하나님의 부르심을 의식하여 말씀의 증거자가 되기 위해 여러 해 받는 교육과정과 교회치리회의 시험을 거쳐 청빙을 받은 교회에서 봉사하기 때문에 평생 헌신할 자로 여겨 임기 없이 평생직으로 임직했다.

그러나 '다스리는 장로'의 경우는 일반적으로 자기 직업에 종사하면서 교회를 봉사하기 때문에 임기를 정해 한시적인 직분자로 임직했다. 임기문제에 대한 장로교회(개혁교회)의 역사와 현실에 대해 간단히 살펴본다.

1. 칼빈과 제네바 교회의 장로

칼빈이 1541년 제네바 교회에 처음으로 장로 직분을 도입하면서 1년 임기로 임직시켰다. 칼빈은 성경에 장로 직분의 임기에 대해 아무 언급이 없었기 때문에 교회의 실질적인 유익을 고려하여 1년간 임직하는 것이 바람직하다고 판단한 것이다.

당시 장로로 봉사하는 일은 그렇게 쉬운 것이 아니었다. 장로들은 자기가 담당한 가정들을 성실하게 심방하며 영적 생활과 형편을 살펴야만 했다. 평생 로마교회의 신앙생활에 젖어 온 신자들과 그 가정을 인도하고 돌보는 일은 많은 노력을 필요로 했던 것이다. 특별히 성찬예식이 있는 주일을 앞두고 각 가정을 심방하며 영적 생활을 살폈다. 3개월마다 성찬예식이 있었으니 1년에 네 번은 각 가정을 심방해야만 했던 것이다.

세상에서 자기 업에 종사하면서 이런 직분을 계속 수행한다는 것은 감당하기 어려운 일이었으므로 1년의 임기가 적당하다고 본 것이다. 그러나 1년간 임기를 마친 후 유능한 장로들이 한 해 더 하기를 원하면 더 봉사할 수 있도록 했다. 장로 임직을 하면서 안수하는 일은 없었다.

2. 스코틀랜드 장로교회

스코틀랜드 장로교회는 제네바에서 칼빈의 영향을 받고 돌아온 낙스(John Knox)에 의한 개혁운동으로 새출발한 교회였다. 그래서 처음부터 제네바 교회의 영향이 컸다. 이 교회가 1560년에 도입한 제1교회법(The First Book of Discipline)과 1578년에 수정 도입한 제2교회법(The Second Book of Discipline)이 둘 다 다스리는 장로 직분을 1년 임기직으로 규정했다.

당시 장로로 선택된 자들은 직임을 수행하기 위해 많은 시간을 들여야 했었다. 그 이유는 모든 교인들이 지난 날 로마교회의 신앙과 생활에 젖어 있어서 개혁신앙과 생활에 대한 설득과 교육이 절실했기 때문이다. 그래서 장로들은 큰 부담을 느끼고 스스로 매년 교체되기를 원했다. 그러나 계속 시무하기를 원하는 자격있는 자들에게는 다시 선택하여 여러 해 동안 봉사할 수 있게 했다.

이 교회 역시 장로를 임직할 때 안수 없이 서약과 기도만 했다. 지금도 장로를 임직할 때 안수는 하지 않으나 임기제는 수정하여 평생직으로 하고 있다.[69]

69　The Practice of the Free Church of Scotland, Chap. 1:1:2 2:3 참조.

3. 미국의 장로교회

미국의 장로교회는 원래 영국연방에 속한 스코틀랜드, 웨일즈, 북 아일랜드 등에서 온 장로교인들에 의해 세워졌다. 그렇지만 이 교회는 구라파의 개혁교회나 영연방의 모교회와는 달리 차츰 '다스리는 장로'를 평생직으로 임직하면서 안수도 하기 시작했다. 고령으로, 혹은 다른 이유로 임직한 교회에서 해임이 되어도 실제로 직책을 수행하지 않으면서 직분은 보유할 수 있게 되었다.

그러나 평생직이 내포하고 있는 문제들로 차츰 어려워지자 1857년 임기제나 다름없는 윤번제도(rotary eldership)를 도입하게 되었다. 장로 임직은 항구성을 부여하되 실제로 직책을 수행하는 기간은 한정시킨 것이다. 그래서 장로는 평생 혹은 3년 임기로 선택을 받게 되었다. 그런데 한번 임직된 장로는 그 임기가 다 되어 물러나도 현역 활동을 하지 않을 뿐 장로직은 계속 유지할 수 있게 하였다.

현재 이러한 미국 장로교회의 전통을 이어오는 교회 가운데 미 정통장로교회(OPC)를 들 수 있다. 이 교회의 정치 규정은 각 교회가 공동의회를 통해 '다스리는 장로(ruling elder)'와 집사를 종신으로 혹은 한정된 임기를 정해 세울 수 있다고 규정하고 있다. 그리고 한정된 봉사기간(임기)을 정했는데, 장로나 집사를 선택하는 교회는 그 임기를 3년으로 해야 한다고 했다.[70] 한정된 임기로 선택을 받고 임직된 장로가 임기를 마치고 다시 장로로 선택되지 않아도 장로직은 유지되며, 치리회(당회, 노회 등)에서 어떤 일을 맡길 때 장로 직분자로서 봉사할 수 있다고 한다.

4. 개혁교회

개혁교회는 장로교회와 원리적으로 같은 전통의 직분관을 가지고 있다. 구미의 개혁교회(Reformed Churches)에서는 예외 없이 다스리는 장로에게 한정된 임기를 부여하며 임직시킨다. 임기가 되어 물러나면 더 이상 장로가 아니다. 장로를 평생 직분으로 보지 않는 것이다. 이는 원리적으로 칼빈의 본을 따른 것이다. 현재 교회법 제 23항은; "장로와 집사는 지역(교회)의 규정을 따라 2년 혹은 그 이상의 해를 봉사할 것이고, 비례의 수가 매년 물러날 것이다"라고 규정하고 있다.[71]

---

70 The Orthodox Presbyterian Church, Form of Government, Chapt.25:1, "Each congregation shall determine, by vote of communicant members in good and regular standing, to choose elders or deacons for either lifetime service or limited terms of service on the session or board of deacons. In a congregation that has determined to chosse ruling elders or deacons for limited terms of service a full term shall be three years."

71 The Church Order of Dordrecht, Art. 23 ; "The elders and deacons shall serve two or more years according to local regulations, and a proportionate shall retire each year."

개혁교회는 초기에 장로 임기를 2년으로 정하고 해마다 절반이 물러가게 했지만(1571, The Synod of Emden), 차츰 개 교회의 형편에 따라 임기를 1년 혹은 2년간 자유롭게 하도록 했다. 그 후 장로직을 평생직으로 할 것인가, 종전처럼 한시적으로 할 것인가, 하는 문제가 몇 번 총회에서 논의되었다. 그러나 장로의 직분을 평생직으로 임직하는데 대해서는 계속 부정적인 입장이었다.

당시 장로 평생직제를 부정했던 이유로 네 가지를 언급했다.[72] 첫째는 성경이 평생 장로직을 유지하도록 가르치고 있지 않다는 것이고, 둘째는 교회의 교권적 전제를 피하기 위해서는 평생 그 직분에 머물게 하기 보다 교체하는 것이 바람직하다는 것, 셋째는 교회 봉사를 더 많은 사람이 할 수 있도록 하는 것이 바람직하다는 것, 넷째는 매년 절반의 장로들이 물러날 때 목사를 추종하는 당회원의 일부도 물러나는 셈이어서 교권에 빠질 위험을 덜 수 있다는 것이었다.

1618-19년의 돌트 총회(The Synod of Dordrecht)는 결국 지금도 개혁교회가 사용하고 있는 교회법을 확정하게 되었다. 당시 과거 2년이었던 장로 임기를 "2년 혹은 그 이상(two or more years)"으로 하고, 매년 비례에 따라 물러가는 장로의 수를 채우되, 특별한 환경에서 교회가 필요로 하면 한 해 더 계속 봉사하게

---

72 Joh. Jansen, Korte Verklaring van de Kerkenordening, J.H. KOK, Kampen, 1923, p. 124

하되 당회는 교회에 이를 제시하여 투표로 인정을 받게 했다.

현재 대부분의 구미 교회들은 장로의 임기를 3년으로 하고 있다. 이처럼 임기를 결정하는 것은 당회의 재량에 맡겨져 있다. 필자가 시무하던 교회는 3년 임기제로 장로를 임직했다. 당회의 장로수가 14명으로 매년 3명 혹은 4명씩 물러가고, 새로 선택되어 들어오도록 했다. 임기를 마친 장로는 1년 이상 쉰 후 다시 선택될 수도 있으며, 역시 같은 임기로 임직한다.

이 같은 임기제는 매년 새로운 회원들이 일정한 수로 들어옴으로써 당회의 분위기도 새롭고 신선해 유익했다. 뿐만 아니라 이 제도는 장로들로 하여금 나태해지는 것을 막고 봉사할 수 있는 분위기를 제공해주는 이점이 있었다.

그런데 장로의 임기제는 당회의 일의 지속성과 안정성 면에서 문제가 될 수 있다는 의견도 있다. 그러나 매년 당회원 중 3분의 1의 장로가 바뀌고 3분의 2는 남아 있으므로 일의 지속성과 안정성에 별 문제가 없다.

5. 한국 장로교회

한국의 장로교회는 출발부터 직접적인 영향을 받았던 미국 장로교회의 정치제도를 거의 그대로 받아들였다. 그래서 한국 장로교회는 처음부터 장로를 종신직으로 여기고 기도와 안수로 임직하게 되었다.

한국 장로교회에서 최초로 장로를 임직한 것은 역시 최초의 장로교회로서 새문안교회가 조직되었던 1887년 9월 27일의 일이었다. 그 날 서상륜과 백홍전, 이 두 사람이 임직을 받은 것으로 알려져 있다. 한국 장로교회가 최초로 목사를 임직한 것은 1907년 조직된 독노회에서 평양신학교의 첫 번째 졸업생 7명을 목사로 세울 때였다. 장로 임직이 목사 임직보다 20년 앞서 있었던 일이다. 이때 한국교회는 장로의 수가 이미 47명이 되었다.

그 동안 한국 장로교회는 미국 장로교회의 본을 따라 장로직 윤번제를 시도해 보기도 했으나 임기제도에 대해서는 논의해 본 적이 없었다. 그래서 한국에서는 장로 직분이 평생직으로 고착되어 버렸다.

현재 교회정치에 장로 윤번제에 대한 구체적 지침은 없으나 지나가는 내용으로 언급은 하고 있다(교회정치 제50조, 헌법적 규칙 제30조). 그런데 장로의 윤번제는 평생직 장로로 임직을 받은 사람이 당회의 시무 규정을 따라 차례로 휴무하는 것을 가리킨다. 이것은 실제 임기제도와는 다르다. 장로직의 평생직 혹은 임기직 제도에 각기 장단점이 있을 수 있다. 그러나 각기 다른 제도 하의 장로교회와 개혁교회를 두루 목회해본 필자의 경험으로는 한정된 임기제도가 교회에 유익이 될 뿐 아니라 본인들에게도 덕이 된다는 생각이다.

6. 장로 임기제도에 대한 고려

　개혁주의 교회(장로교회, 개혁교회)는 목사, 장로, 집사 직분의 항존성을 성경적이라고 받아들인다. 그런데 이 항존성이란 것은 이들 세 직분이 지상교회에 항상 필요하고 있어야 된다는 뜻이지, 특정인과 관련하여 항구적이어야 한다는 뜻은 아니다. 한 직분에 임직된 사람이 다른 직분으로 옮겨 갈 수도 있는 것이다.

　성경은 구제를 위해 선택된 일곱 사람 가운데 한 사람이었던 빌립(집사)이 나중에 전도자가 되어 봉사했다고 알려주고 있다 (행6:5; 8:5, 9-13; 21:8-9). 초대교회에서는 다스리는 자로 봉사하다가 가르치는 장로가 될 수 있었다(딤전5:17 참조). 지금도 장로로 봉사하던 사람이 목사가 되어 봉사할 수 있다. 목사로 봉사하던 사람이 장로로 봉사할 수도 있다.

　스코틀랜드 장로교회의 교회정치에는 이것을 명시하여 "교회의 징계와 무관한 임직된 목사가 목회하고 있지 않는 경우에 그가 속한 교회의 치리 장로로서 자격이 있다"고 한다.[73] 화란 개혁교회에서도 이 같은 예가 실제적으로 있었다. 수년 전 한 지역 교회가 장로 자격을 갖춘 성도를 찾기 어려워 신학교 교수로 봉사하다 은퇴한 목사를 장로로 임직하여 봉사하게 한 사실이 있었다.

　그러므로 어떤 직분이 어느 한 사람과 떨어질 수 없는 관계를

73　The Practice of the Free Church of Scotland, Chapter 1, 1.4.

갖는 것은 아니다. 한번 임직된 자가 그 직분과는 떨어질 수 없는 관계를 갖는다고 보는 것은 로마 카톨릭적인 잘못된 생각이다. 그렇기 때문에 교회가 장로 임기를 정해 임직하는 것은 성경적으로 전혀 잘못된 일이 아니다. 한 직분을 받아 섬기다 상황에 따라 다른 직분을 받아서 봉사할 수 있으며, 형편에 따라서 그 직분을 놓고 떠날 수도 있는 것이다.

그런데 한국 장로교회는 역사 시작부터 장로를 종신직으로 임직했다. 이것이 100년 이상 자리를 잡은 전통이 되었으므로 개혁교회의 임기제 장로제도를 도입하는 것은 쉽지 않은 일로 생각된다. 더욱이 명예와 체면을 중시하는 한국적인 문화풍토에서 임기제를 받아들이는 것은 매우 어려운 일로 보인다. 한국에서는 구미와 달리 교회의 직분명이 교회 안에서 호칭으로 사용될 뿐만 아니라 사회에서도 그대로 사용하는 경향이 종종 있다. 기독교 문화가 정착된 구미 세계에서는 장로, 집사를 호칭으로 사용하는 일이 전혀 없다. 그러나 한국에서는 한번 장로나 집사로 임직을 받은 사람에게는 그것이 호칭으로 굳어져 버린다. 물론 이름과 함께 직분이 불려지는 사람들은 보통 그것을 명예스럽게 여기게 마련이다. 그러므로 한국적인 교회 문화환경 속에서 개혁교회와 같은 임기제 직분제도를 새로 도입하기란 거의 불가능한 일이다.

그렇다고 현재의 종신직 장로제도를 그대로 유지하는 것도 교회나 본인에게나 전혀 유익하지 않다. 현재 한국교회의 장로 종신제도가 가진 문제점을 몇 가지 들어보겠다.

첫째, 대부분의 장로들은 따로 생업을 갖고 있기 때문에 평생 한결같이 교회 일에 충성하기 어렵다. 환경의 변화에 따라 특별한 가정 형편이 생기거나 생업을 하면서 겪어야 하는 어려움 때문에 교회 봉사를 거의 하지 못할 수도 있다. 목사도 그런 어려움이 있을 수 있으나 장로들의 경우는 더욱 더 그렇다. 이럴 때 교회 봉사로부터 양심적으로 자유로울 수 있는 교회의 법적 제도가 필요하다.

둘째, 사람은 누구나 한 자리에 오래 머물게 되면 자기도 모르게 나태하기 쉽다. 장로도 여러 해 계속해서 그 자리를 지키고 있으면 나태해 질 수 있다. 쉬었다가 새로운 각오를 갖고 다시 봉사할 수 있는 법적 제도가 요구된다.

셋째, 장로가 한 교회에서 같은 자리를 쉬지 않고 오래 지키고 있으면 자연히 당회와 교회 안에 보이지 않는 교권의 뿌리를 내릴 수 있어 부지불식간에 교만해지기 쉽다. 이것은 장로의 수가 적은 중소형 교회에서 더 심각한 문제가 될 수 있다. 바로 여기서 목사와의 알력도 생기기 쉽다. 이를 가능한 한 미리 방지할 수 있는 교회의 법적 제도가 필요하다.

그러므로 한국교회의 장로 종신제도는 변화가 요구된다. 이미 언급한 대로 개혁교회와 같은 확실한 임기제도의 도입이 불가능하기 때문에 차선의 길을 찾을 수 밖에 없다. 그러면 어떤 차선책이 있을까? 물론 현재의 종신직 제도 안에서 가능한 길을 찾아본다.

첫째로 장로를 종신직으로 임직하되 임기를 정하는 것이다.

미 정통장로교회가 장로를 평생직으로 임직하든지 임기제로 임직하든지 당회에 재량권을 부여하고 있다는 사실을 이미 언급했다. 이 교회처럼 한국 교회도 임기를 정하되 임직할 때는 그 시무연한을 당회의 형편에 따라 정하는 것이다. 당회가 하는 일의 지속성과 안정성을 고려할 때 4년 정도의 임기가 가장 적당하지 않을까 생각한다. 임기가 만료되면 1년을 쉰 후 공동의회에서 다시 선거를 통해 선출되면 4년의 임기를 더 봉사하고, 낙선하면 그 직분은 보유하되 당회원으로서의 법적인 권한은 갖지 않게 하는 것이다.

그런데 처음 임직을 위한 투표와 첫 임기를 마치고 쉰 후 재임을 위한 투표를 할 때 득표수에 대한 법을 서로 달리 적용하는 것이 좋지 않을까 생가한다. 우리 한국교회에서는 공동의회에서 투표수 3분의 2 이상의 득표를 얻은 자를 장로를 선택한다. 이것은 장로 선택을 그만큼 신중하게 한다는 뜻이다. 그렇다고 현실적으로 한국교회의 장로들의 질이 높아지고 있다고 보기 어렵다. 장로의 질적 향상은 평소의 교육과 훈련, 후보자의 자격에 대해 당회가 철저히 심사하느냐에 달려 있다고 본다. 일반적으로 구미의 개혁교회나 장로교회에서 장로 선택을 위해 요하는 득표수는 투표수의 과반수이다. 처음 임직을 위한 득표는 3분의 2로 하되, 시무연한을 지난 후 재선을 위해 투표할 때는 과반수로 하는 것이 좋지 않을까 생각해 본다. 사실상 신임투표의 성격이기도 해 재선에 대한 부담감을 덜어주는 것이 좋을 듯 해서다. 장로가 임기 동안 봉사하고 난 후 신임을 묻는 재선투표에 응하는 것이 교회나 본인을 위해서 신선하고 유익할 것이 틀림없다.

둘째는 확실한 장로 휴무제도를 두는 것이다.

위에서 이미 언급한대로 장로가 자기 생업에 종사하면서 계속 봉사하기란 쉽지 않을 뿐 아니라 무리가 따른다. 그러나 당회가 일률적으로 시무연한을 정하고 그것을 지난 후에는 적어도 1년간 휴무하도록 하는 것이다. 예를 들면 모든 장로가 4년간 시무한다면 적어도 1년간 휴무에 들어가게 한다. 휴무 기간이 끝나고 본인이 계속 봉사하기를 원하면 공동의회의 투표에 부쳐 투표수의 과반을 득표할 때 다시 4년을 봉사하게 하는 것이다. 이런 제도를 새로 도입하게 되었다면 당회의 일에 지장이 없는 한 먼저 임직된 장로부터 매년 차례대로 몇 명씩 휴무에 들어가는 식으로 적용하면 된다.

셋째는 시무 윤번제도를 도입하는 것이다.

한국 장로교 교회정치(고신)는 이미 언급한 대로 장로시무 윤번제도를 언급하고 있다. 그런데 이 제도를 도입한 교회가 있는 것으로 가정하고 지나가는 말로 언급했을 뿐이지 확실한 지침이 없다. 직분 문제로 시험이 잦은 한국교회의 상황에서 확실한 법적 지침이 필요하다.

윤번에 따른 휴무제도가 아닌 확실한 윤번제도는 고정적으로 자리를 지키고 있는 장로들이 많은 교회에서 할 수 있을 것으로 생각된다. 당회의 정원이 교회의 형편이나 발전하는 과정에 따라 쉽게 달라질 수 있으나 어느 정도의 원칙을 정해 윤번 봉사를 할 수 있도록 하는 것이다. 예를 들어 12명의 장로가 봉사하는 교회는 4년으로 임기를 정하고 매년 3명씩 윤번으로 휴무하되 같은 수만큼 보충한다. 윤번제에 따라 휴무했다고 해서 자동으로 장로직에 복귀한다면 별 의미가 없다. 앞서 언급한 것처럼 여기서도 우선적으로 공동의회에 투표를 부쳐 과반수의 표를 얻으면 시무를 계속하게 하는 것이 바람직하다. 이것이 본인에게도 떳떳하고 새롭게 봉사를 다시 시작할 수 있게 할 것이다.

당회원이 2~3 명 밖에 안되는 교회는 윤번제도가 쉬운 일이 아닐 수도 있다. 이런 경우에는 시무 기한을 5년 이상으로 늘릴 수 있을 것이다. 총회가 원리적인 지침을 정하여 발표하고, 시행 세칙은 개 교회의 당회에 맡겨 형편에 따라 조정할 수 있게 하면 된다. 이제 한국 장로교회는 어떻게 해서라도 장로 시무 임기제를 연구, 도입하여 교회생활을 새롭게 할 필요가 있다.

이상 열거한 장로 임기제도나 휴무제도나 윤번봉사제도가 완전하고 가장 이상적인 제도라고 할 수 없으나 장로의 종신직 전통을 살리면서 지금 보다 더 효과적으로 교회를 봉사할 수 있는 길이 될 것으로 생각하는 바이다.

장로와 목사의 바람직한 관계

Chapter 12

제12장

장로와 목사의 바람직한 관계

 장로를 '다스리는 장로'와 '가르치는 장로'로 구별하는 것은 칼빈의 직분관을 좇는 개혁주의 교회의 일반적 전통이다. 구미의 개혁주의 교회가 전통적으로 목사와 장로의 동등권을 강하게 주장하며 유지해 오고 있는데, 그 근거는 양자가 다 기본적으로 장로라는데 두고 있다.

 칼빈의 영향을 받은 개혁자 낙스(John Knox)가 개혁한 스코틀랜드 장로교회도 같은 입장을 취한다. 이 교회의 교회정치 중 교회 직분을 설명하는 조항에서 "목회 직임을 행사하지 않는 장로들은 다스리는 장로라 부르게 된다"[74]라고 한다. 그리고 이 교회

---

74 The Practice of the Free Church of Scotland, 1,1,2; "Those Elders who do not exercise the pastoral office are called Ruling Elders."

는 목사와 장로를 동일한 지위에 있는 직분자로 간주하고, 임직 받은 목사가 목회하지 않을 때는 자신이 속한 교회에서 치리장로로 봉사할 수 있다고 한다.[75]

개혁교회는 교회의 모든 직분자들(목사, 장로, 집사) 간에 상하의 차별을 부정하고, 교권을 행사하는 것도 경계하기 위해 교회법에 이렇게 명시하고 있다.

"어느 교회도 다른 교회들을 지배해서는 안되며, 어느 직분자도 다른 직분자들을 지배해서는 안된다."[76]

이렇듯 목사와 장로의 차별을 부인하고 상호동등권을 강조한다.

개혁주의 교회들은 전통적으로 목사와 장로 사이에 역할은 구별하지만 계급적 차원에서 상하의 차별은 하지 않는다.

그렇지만 교회의 역사를 뒤돌아 보면 가르치는 장로(목사)는 다스리는 장로보다 높은 위치에 있다고 생각하는 경향이 있었다. 목사는 하나님의 말씀을 공적으로 가르치고 선포하는 직임을 수행함으로써 다스리는 장로보다 더욱 존경의 대상이 되었던 것은 자연스러운 일이었다. 이 같은 현상이 차츰 상하관계로 고착되어 교회 안에 교권체제가 생기게 되었다.

종교개혁 후 개혁교회는 교권체제를 정죄하고 성경적인 직분체제를 회복했지만 아직도 내부적으로 자만심과 명예를 탐하는

---

75 Ibid 1,1,4; "An ordained Minister who, from any cause not involving Church censure, is without a pastoral charge, is eligible as a Ruling Elders in the Congregation to which he belongs."
76 The Church Order of Dort, Art.74; "No church shall in any way lord it over other Churches, office-bearer over other office-bearers."

타락한 인간의 본성이 자주 노출되어 교권으로 말미암은 충돌과 불화가 종종 일어나고 있다. 교회 안에서 직분과 관련하여 계급적 차원에서 상하를 생각하고 논하는 자체가 교회의 머리인 그리스도의 가르침을 본질적으로 위배하는 것이다. 주님은 "너의 선생은 하나요, 너희는 다 형제니라"고 하셨다(마23:8).

최근 한국교회 안에는 목사와 장로 사이에 갈등이 심각하다고 한다. 그래서 "목사가 죽어야 장로가 산다", 혹은 "장로가 죽어야 목사가 산다"는 논리를 펴는 사람도 있다. 목사·장로 중 어느 한 편이라도 자아를 죽이고 낮아져야 갈등을 잠재우고 평화를 회복할 수 있다. 그러나 이것은 임시적인 치유책일 뿐이다. 이 문제를 근본적으로 해결하려면 양자가 성경적인 직분관을 바로 이해하고 봉사하는 자세도 새롭게 해야 한다. 곧, 목사·장로 양자가 "하나님의 사람으로 온전케" 하는 말씀을 통해 그리스도의 종으로 거듭나는 것이다.

그러면 장로는 교회 봉사를 하면서 목사와 바람직한 관계를 가질 수 있는 몇 가지 구체적인 길을 생각해 본다.

1. 장로들은 목사를 주의 교회 건설을 위해 함께 부름 받은 동역자라는 사실을 알아야 한다.

목사와 장로 양자가 다 기본적으로 교회의 장로요 감독이다.

그러므로 양자는 넓은 의미에서 교회 봉사를 위한 동역자이다. 사도 베드로도 아시아의 다섯 지방 교회에서 봉사하는 장로들에게 자신을 가리켜 "함께 장로 된 자"라고 함으로써 스스로 교회건설을 위한 동역자라고 주장했다(벧전5:1). 사도 바울은 하나님이 장로를 세운 목적이 "자기 피로 사신 교회를 치게" 하기 위함이라고 했다(행20:28). 장로들 중에는 목사만이 양을 치는 목자요, 장로는 아니라고 생각하는 경향이 있다. 이것은 성경이 가르치는 장로 직분을 바로 이해하지 못한 데서 나오는 잘못된 생각이다. 성경은 양을 치는 일을 위해 장로를 불러세웠다고 분명히 말하고 있다. 사도 베드로 역시 장로들에게 이르기를 "너희 중 장로들에게 권하노니…너희 중에 있는 하나님의 양무리를 치되 부득이 함으로 하지 말고 오직 하나님의 뜻을 좇아 자원함으로 하며…"라고 했다(벧전5:1, 2).

하나님은 양무리를 목사에게만 맡기지 않았다. 목사와 장로 양자가 기본적인 장로와 감독으로 하나님의 양무리를 치도록 부름을 받은 것이다. 목사는 말씀을 가르치고 선포하는 일에 전무할 수 있도록 양떼를 칠 사명을 받았다. 양무리들의 가정을 심방하여 돌보고, 언약의 자녀들인 교회의 청소년들을 감독하고 지도하는 책임은 장로가 목사와 공유하고 있는 사명이다. 그러므로 장로는 당회에 성실히 참석하는 것으로만 자기 사명을 다한다고 생각해서는 안된다. 장로는 목사와 함께 주의 교회를 치기 위해 부름을 받은 동역자라는 사실을 알아야 한다. 장로가 교회건설을 위한 목사의 동역자라는 의식을 강하게 갖게 되면 양자 간에 극복하지 못할 일이 없다.

2. 장로는 목사와의 아름다운 관계를 교회에 보여야 한다.

성경은 교회를 "하나님의 집"이라고 한다(딤전3:15). 교회는 주 예수 그리스도의 하나님을 아버지로 부르는 가족집단이다. 동시에 교회는 부모와 언약의 자녀들로 이뤄진 여러 가족들의 공동체이다. 한 가정에서 부모가 서로 사랑하며 조화를 이뤄나갈 때 자녀들에게 본이 된다. 장로와 목사는 하나님의 집을 감독하고 다스리는 자들로서 교회에 본을 보여야 한다. 부모가 서로 갈등하는 모습은 가정적으로 수치가 될 수 있는 것처럼 교회에서 목사와 장로가 갈등하며 불화하는 것도 교인들에게 치욕거리가 된다. 장로는 목사와 긴장관계에서 갈등이 생기기 전에 하나님의 말씀을 통해 해소하도록 해야 한다. "말씀은 살아 있고 운동력이 있어" 문제를 풀어주며, "교훈과 책망과 바르게" 하는 능력이 있다(히4:12; 딤후3:16).

3. 장로는 교회에서 목사가 비판을 받게 될 때 목사의 편에 굳게 서야 한다.

교인들 중에는 목사에 대해 비판하는 사람이 있을 수 있다. 이때 장로가 교인들의 비판에 가담하거나 동조해서는 절대 안된다. 목사가 실수해서 초래한 비판이라 하더라도 교인들 편에 서서 동조해서는 안된다. 목사에게 실수가 있는 경우에도 당회 밖에서 교인들과 논의해서는 절대 안된다. 목사는 교회건설을 위한 동역자이다. 목사가 혹 실수했다면 그것을 인정하고 장로들은 당회의 도움을 얻으러 목사가 스스로 나올 수 있도록 분위기를 조성할 수 있어야 한다. 목사도 실수할 수 있는 성정을 가진 사람이라는 것을 인정하자.

4. 장로는 성실하게 말씀을 전하는 목사를 보호해야 한다.

말씀에 신실한 목사가 항상 교회에서 환영을 받는다고 할 수 없다. 목사가 말씀대로 강력하게 설교하면 반대하거나 비난하는 사람들이 생길 수 있다. 이때 장로는 목사를 도와야 한다. 주께서 말씀하시기를 "종이 주인보다 더 크지 못하다는 말을 기억하라. 사람들이 나를 핍박하였은 즉 너희도 핍박할 터이요"라고 하셨다

(요15:20).

교인들에게 인기를 끄는 쉽고 재미있는 설교가 언제나 말씀을 올바르게 취급한다고 보아서는 안된다. 하나님의 말씀을 신중하게 전하는 목사와 그를 지원하는 장로들은 다음과 같은 주의 말씀을 기억해야 할 것이다.

"나를 인하여 너희를 욕하고 핍박하고 거짓으로 너희를 거스려 모든 악한 말을 할 때에는 너희에게 복이 있나니 기뻐하고 즐거워하라. 하늘에서 너희 상이 큼이라. 너희 전에 있던 선지자들을 이 같이 핍박하였느니라"(마5:11-12).

또 주님께서 "사람의 원수가 자기 집안 식구리라" 하신 예언의 말씀이 자신들에게 적응된다는 것을 알게 될 것이다(마10:36).

5. 장로는 당회에서 다룬 일에 대해 비밀을 지켜야 한다.

장로는 당회에서 논의한 일들 가운데 공식적으로 교회에 알리는 것 외에는 바깥으로 말을 퍼뜨리지 않아야 한다. 당회에서는 직분자들이나 교인들의 신상 문제에 대해 말이 오갈 수 있고, 권징에 관계된 사항도 논의할 수 있다. 장로들은 이런 일에 관해서 당회 밖으로 말을 절대 퍼뜨리지 않아야 한다. 장로는 덕을 위해 당회의 비밀을 지킬 줄 알아야 한다.

혹 목사에 대한 비난이 있을 때는 주님이 가르쳐 주신 권징의 질서(마18장)를 지키도록 해야 하고 결코 이를 공론화해서는 안 된다. 목사에 대한 교인들의 불만이나 비난에 대해 당회가 논의할 때는 장로가 이 사실을 결코 밖으로 알려지지 않게 해야 한다.

6. 장로는 목사의 성장을 도와야 한다.

세계는 매일 급속하게 변화하며 발전해 나가고 있다. 이런 세계에서 목사가 말씀을 효과적으로 준비하여 선포하고, 양무리를 잘 치려면 지적으로나 영적인 면에서 계속 발전하고 성장해야 한다. 당회는 이를 뒷받침할 책임이 있다. 장로들은 목사가 충분한 시간을 갖고 연구와 설교 준비를 할 수 있게 하고, 이를 위해 도서와 잡지를 구입할 수 있도록 경제적으로 잘 살펴야 할 책임이 있다. 목사의 사역 중에 가장 중요한 것이 설교다.

7. 장로와 목사는 서로 충고하며 사명을 다하도록 노력해야 한다.

사람은 누구나 남의 눈의 티는 잘 보지만 자기 눈의 들보는 보지 못한다. 목사와 장로는 스스로를 살필 뿐 아니라, 서로서로 살피고 충고하며 격려할 필요가 있다. 동역하는 형제들의 충고를 받아들일 수 없다면 그릇이 큰 사람이라고 할 수 없다.

개혁교회에서 당회는 직임 수행과 관련하여 서로 충고하는 것을 의무로 여기고 이를 위한 시간을 매년 몇 차례 당회 회순에 넣고 있다. 빈도는 당회에 따라 다르지만 일반적으로 1년 4회 정도다. 이것을 '우애적 견책(censura morum=fraternal censure)'이라 부르며, 교회법 78조에 이렇게 명시하고 있다; "목사들과 장로들과 집사들은 서로 그리스도인다운 견책을 하고, 직분의 이행에 관하여 친절히 권고하고 충고해야 한다."[77]

이때 당회의 사회를 맡은 목사는 당회원 한 사람 한 사람에게 우애적 견책에 관련하여 할 말이 있는지 묻는다. 대부분의 경우 "없다"는 답으로 지나가기 마련이다. 그러나 동역자 중 누구에게 할 말이 있으면 하게 된다. 관련된 동역자는 이를 겸허히 받아들인다. 대부분의 경우 별 문제를 제기하지 않고 지나간다. 교회 직분자들은 이런 과정을 공식적으로 거침으로써 자신과 서로를 살피는 기회를 갖게 되며, 한 마음으로 교회봉사에 임할 수 있는 계기가 된다. 당회에 이런 과정이 있기 때문에 장로와 목사는 밖에 나가서 동역자에 대해 불만을 터뜨릴 수 없게 되고, 당회원들간의 알력이 밖으로 드러나지 않게 마련이다.

한국교회도 당회가 이와 유사한 회칙을 마련하여 실천하게 되

---

77 The Church Order, Art. 78 Christian Censure; "The ministers, elders, and deacons shall mutually exercise Christian censure and shall exhort and kindly admonish one another with regard to the execution of their office."

면 목사·장로간에, 장로들 상호간에 화목과 조화를 이뤄 봉사하는데 도움이 될 수 있을 것으로 생각된다.

8. 장로는 교회를 "잘 다스리는" 것으로 목사를 도와야 한다.

장로가 교회를 잘 다스린다는 것은 일반적 뜻으로서 교회의 통치를 의미하지 않고, 양무리를 잘 치는 것을 의미한다. 장로는 자기 구역의 양무리를 잘 살피고, 감독하며, 보호하고 성실하게 공조함으로써 가르치는 장로인 목사의 귀한 동역자가 될 수 있다.

마치는 말

　교회의 직분은 신자들이 교회라는 공동체를 지탱하기 위해 스스로 세운 것이 아니다. 교회의 직분은 교회의 주요, 왕이신 예수 그리스도께서 그의 교회를 위해 친히 세우셨다. 바울은 "성도를 온전케 하며 봉사의 일을 하게 하며 그리스도의 몸을 세우려"(엡 4:12), "그가 혹은 사도로, 혹은 선지자로, 혹은 복음 전하는 자로 혹은 목사와 교사로 주셨다"고 했고(엡4:11), 에베소 교회 장로들에게 "성령이 저들 가운데 너희로 감독자를 삼았다"고 했다(행 20:28). 그러므로 장로는 고귀하고 사모할 만한 직분이다(딤전 3:1).

　교회의 직분은 교회의 주요, 왕이신 그리스도께서 불러 세우셨기 때문에 그 사명이 크다. 장로는 교회에서 주님의 왕권을 수종 드는 막중한 사명을 받았다. 교회를 다스리고 인도하는 법은 기록된 '말씀'이다. 그러므로 왕의 뜻을 따라 교회를 잘 다스리기 위해서는 그의 통치의 법인 '말씀'에 익숙해야 한다. 이를 위해 장로는 '말씀'과 그 진리를 조직적으로 밝힌 장로교회의 '신조'에 대해 바르고 깊은 지식을 가져야 한다.

특별히 장로교 신조(웨스트민스터 신앙고백과 대소요리문답)는 장로교회의 정체성을 지켜주는 하나의 울타리다. 장로는 장로교회의 정체성을 지킬 의무가 있다. 오늘날 상당수의 교회 지도자들이 포스트 모더니즘(post modernism)의 영향을 직접·간접으로 받고, 절대의 진리란 존재하지 않는다는 사상의 시류를 따라 모든 것을 상대적으로 보고 생활하는 것만 같다. 그래서 많은 장로교회의 목사와 장로들도 신조와 관계없이 어떤 교회든 가리지 않고 드나들며, 교회의 울을 서슴없이 넘나들고 있음을 볼 수 있다. 장로교회의 장로는 자기 집안의 울을 지킬 줄 알아야 한다. 이 울을 자유롭게 넘나들거나 그것을 걷어치우게 되면 더 이상 장로교회는 존재하기 어렵다. 내용이 없는 빈 간판만 달고서는 장로교회로 불려질 수 없다.

오늘날 우리 주변에는 교회를 활성화하고 성장시키기 위한 다양한 방법과 관련된 세미나가 자주 열리고 있다. 이에 대해 관심 있는 목회자들은 멀고 가까움을 개의치 않고 그곳으로 달려간다. 그 행사를 주최하는 측의 신학이나 신조나 교회체제는 문제를 삼지 않는 것이 보통이다. 교회 활성화와 성장의 방법만 있다면 좋다고 보는 것이다. 그러나 이런 생각은 매우 위험하다.

장로는 자신이 속한 지역에 있는 주님의 교회를 인도하고 보호하고 감독할 책임이 있다. 장로는 말씀의 사역자인 가르치는 장로(목사)와 함께 시대의 흐름을 거스르더라도 장로교회의 정체성을 수호할 의무가 있다. 각 지역교회 장로들은 바울이 에베소교회 장로들에게 남긴 이별사를 이 시대에 다시 한번 기억하고 교회를 위한 진리 수호자(defenders)로서의 사명을 다해야 한다.

"너희는 자기를 위하여 또는 온 양떼를 위하여 삼가라. 성령이 저들 가운데 너희로 감독자를 삼고 하나님이 자기 피로 사신 교회를 치게 하셨느니라. 내가 떠난 후에 흉악한 이리가 너희에게 들어와서 그 양떼를 아끼지 아니하며 또한 너희 중에서도 제자들을 끌어 자기를 좇게 하려고 어그러진 말을 하는 사람들이 일어날 줄을 내가 아노라. 그러므로 너희가 일깨어 내가 삼 년이나 밤낮 쉬지 않고 눈물로 각 사람을 훈계하던 것을 기억하라"(행 20:28-31).

마지막 때에 흉악한 이리들(거짓 선지자, 거짓 스승들)은 더욱 기승을 부릴 것이다(마24:3, 11). 장로들이 이들로부터 양무리들을 보호하고 안전하게 이끌며 우리(교회) 안에서 안전하게 구원의 은혜를 즐길 수 있도록 사명을 다 하게 되면 "목자장이 나타나실 때에 시들지 아니하는 면류관"을 얻게 될 것이다(벧전5:4).

잘 다스리는 장로

■
초판 1쇄 인쇄 / 2007년 8월 20일
초판 1쇄 발행 / 2007년 8월 25일

■
지은이 / 허 순 길
펴낸이 / 김 수 관
펴낸곳 / 도서출판 영문
122-070 서울시 은평구 역촌동 10-82
☎ (02)357-8585
FAX • (02)382-4411
E-mail • kskym49@yahoo.co.kr

■
출판등록번호 / 제 03-01016호
출판등록일 / 1997. 7. 24

파본은 교환해 드립니다.
본 출판물은 저작권법으로 보호 받는
저작물이므로 출판사나 저자의 허락없이
무단 전재나 무단 복제를 할 수 없습니다.

값 12,000원
ISBN 978-89-8487-225-7 03230
Printed in Korea